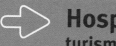

Hospitalidade
turismo e estratégias segmentadas

Dados Internacionais de Catalogação na Publicação (CIP)
(Câmara Brasileira do Livro, SP, Brasil)

Hospitalidade : turismo e estratégias segmentadas /
Silvana Mello Furtado, Francisco Vieira
(org.). -- São Paulo : Cengage Learning, 2011.

ISBN 978-85-221-1104-6

1. Hospitalidade 2. Hotelaria 3. Turismo
I. Furtado, Silvana Mello. II. Vieira, Francisco.

10-12887   CDD-338.4791

Índice para catálogo sistemático:

1. Hospitalidade : Turismo 338.4791

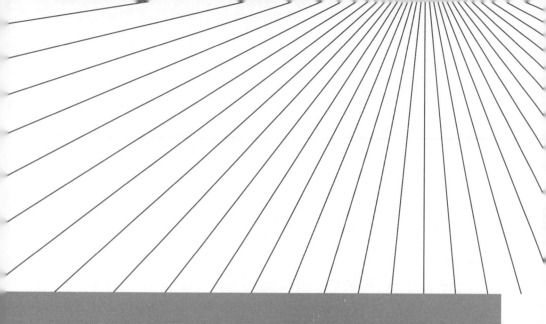

Hospitalidade
turismo e estratégias segmentadas

Silvana Mello Furtado e Francisco Vieira (orgs.)

CENGAGE
Learning

Austrália • Brasil • Japão • Coreia • México • Cingapura • Espanha • Reino Unido • Estados Unidos

Hospitalidade: turismo e estratégias segmentadas

Silvana Mello Furtado e Francisco Vieira (orgs)

Gerente Editorial: Patricia La Rosa

Editora de Desenvolvimento: Gisele Gonçalves Bueno Quirino de Souza

Supervisora de Produção Editorial: Fabiana Albuquerque Alencar

Copidesque: Clene Salles

Revisão: Ricardo Franzin

Diagramação: Negrito Design Editorial

Capa: Ale Gustavo

© 2011 Cengage Learning Edições Ltda.

Todos os direitos reservados. Nenhuma parte deste livro poderá ser reproduzida, sejam quais forem os meios empregados, sem a permissão, por escrito, da Editora.
Aos infratores aplicam-se as sanções previstas nos artigos 102, 104, 106 e 107 da Lei nº 9.610, de 19 de fevereiro de 1998.

Para informações sobre nossos produtos, entre em contato pelo telefone **0800 11 19 39**

Para permissão de uso de material desta obra, envie seu pedido para **direitosautorais@cengage.com**

© 2011 Cengage Learning. Todos os direitos reservados.

ISBN-10: 85-221-1104-9

ISBN-13: 978-85-221-1104-6

Cengage Learning
Condomínio E-Business Park
Rua Werner Siemens, 111 – Prédio 20 – Espaço 04
Lapa de Baixo – CEP 05069-900 – São Paulo – SP
Tel.: (11) 3665-9900 – Fax: (11) 3665-9901
SAC: 0800 11 19 39

Para suas soluções de curso e aprendizado, visite
www.cengage.com.br

Impresso no Brasil.
Printed in Brazil
1 2 3 4   13 12 11 10

Sumário

vii Prefácio

ix Apresentação

1 Mercado de luxo

13 A brasilidade como estratégia impulsionadora de negócios na hospitalidade. Glocalização – estudo de caso rede Tropical Hotels & Resorts e a cultura indígena

27 Hotelaria sustentável na Rota do Charme: estudo sobre a Pousada Pinho Bravo na Serra da Mantiqueira-MG

41 Identidade profissional na geração de negócios em alimentos e bebidas

53 Alimento – prática cultural e hospitalidade que segmenta mercados

65 O fator humano: fator de estratégia competitiva e segmentação do turismo

77 Hospitalidade, lazer e educação: uma oportunidade para o profissional de turismo.

87 Estratégias de visitação dos parques de diversões brasileiros em comparação aos parques da Disney

101 O desafio da comunicação em eventos

107 A inter-relação dos transportes, eventos turísticos e hospitalidade: como se dá a relação entre os grandes eventos e os meios de transporte.

119 Moedas no turismo

Prefácio

GABRIEL MÁRIO RODRIGUES
Reitor da Universidade Anhembi Morumbi

A Universidade Anhembi Morumbi completa, em março de 2011, 40 anos de existência. Com grata satisfação participei do primeiro momento desta instituição e do curso que lhe deu origem. No final da década de 1960, poucos pensavam na importância da área de Turismo para o Brasil. Naquele contexto surgiu uma proposta inovadora: oferecer, pela primeira vez no mundo, um curso superior em Turismo. Ainda que existissem cursos livres voltados para essa temática, não existia uma formação universitária com tal enfoque.

Quarenta anos depois, tenho a honra de participar de outra etapa importante, ou seja, prefaciar uma obra que se dedica à arte de receber e acolher as pessoas. O livro *Hospitalidade: turismo e estratégias segmentadas* é um compêndio que reúne 11 trabalhos de professores da Escola de Turismo e Hospitalidade da Universidade Anhembi Morumbi. Os artigos abordam temas atuais e importantes para o setor de Turismo e Hospitalidade.

A Copa do Mundo e as Olimpíadas são eventos que acontecerão no Brasil em 2014 e 2016. Os capítulos foram concebidos por uma equipe multidisciplinar empenhada em analisar questões relacionadas à qualidade e à excelência no atendimento e na prestação de serviços de todos os profissionais envolvidos com esses acontecimentos. O livro é o resultado das pesquisas desenvolvidas na graduação, na especialização e no mestrado dos cursos de Turismo, Hotelaria, Eventos, Gastronomia e Aviação Civil da Universidade Anhembi Morumbi.

Os capítulos são desenvolvidos de forma a contemplar as competências, habilidades e atitudes desenvolvidas para atualização e reciclagem dos profissionais do setor e para a formação dos alunos, com destaque a elementos essenciais como o hospedar, o alimentar, o entreter e o receber, nos diferentes espaços e entre diversos públicos, envolvendo o lado cultural, social e econômico do ambiente em questão.

Esta obra é a contribuição da Universidade Anhembi Morumbi, por meio da sua Escola de Turismo e Hospitalidade, à discussão dos grandes temas da área. Trata-se da permanente preocupação da nossa instituição em integrar práticas e conhecimentos do mercado com a área acadêmica.

Apresentação

THAÍS FUNCIA
Diretora Acadêmica da Escola de Turismo e Hospitalidade
Universidade Anhembi Morumbi
Laureate International Universities

O turismo tem se consolidado no cenário brasileiro ao longo dos últimos anos como uma importante atividade econômica, demonstrando seu potencial para posicionar-se como um dos pilares da nossa economia, desde que exista o devido investimento e haja a compreensão de suas diversas facetas e oportunidades proporcionadas.

Como parte dessa compreensão, evidencia-se o entendimento de estratégias diferenciadas e segmentadas que influenciam o turismo. Cientes dessa necessidade, o livro *Hospitalidade: turismo e estratégias segmentadas* proporciona ao leitor uma abordagem que promove o auxílio no entendimento de algumas segmentações, destacando a existência de uma estratégia em cada um de seus capítulos.

Neste momento da sociedade, no qual as fronteiras entre nações e empresas estreitam-se e a globalização deixou de ser novidade, estar atento à glocalização torna-se fundamental – entender o global e agir localmente. Este é o enfoque do capítulo "A brasilidade como estratégia impulsionadora de negócios na hospitalidade", e o estudo de caso apresentado reflete essa tendência. Outro exemplo dessa aplicação é retratado em "Alimento – prática cultural e hospitalidade que segmenta mercados", que discorre sobre como o alimento tem traços e características locais, e sua participação no turismo.

Na área de meios de hospedagens, o entendimento de nichos de atuação e a forma de se trabalhar com cada indivíduo pontualmente, atendendo as demandas dessa fatia de mercado e os desdobramentos de oportunidades que cada uma proporciona, são ilustrados no efervescente "Mercado de luxo", e também no capítulo "Hotelaria sustentável" com o estudo de caso sobre pousadas.

Oportunidades na área de lazer com a devida seriedade é o tema de "Hospitalidade, lazer e educação" sob o olhar da atuação e do mercado profissional vinculado a essa atividade. Ainda na temática do lazer, e na interface com seus equipamentos, um maior aprofundamento no tema é trazido com a leitura de "Estratégias de visitação dos parques de diversões brasileiros", focando a comparação com o caso Disney, fenômeno de reconhecimento mundial e indiscutíveis melhores práticas voltadas para o setor. Isso tudo inserido na realidade brasileira.

Na área de eventos alerta-se para "O desafio da comunicação em eventos", com foco na importância do emprego de técnicas condizentes e inseridas no momento tecnológico atual, visando assim à construção da imagem correta para cada evento. Eventos, transporte e logística tornam-se itens chaves em metrópoles internacionais, como São Paulo, porque exercem um papel significativo quando relacionados aos impactos dos conclaves nas cidades, como destaca o título "A inter-relação do transporte, eventos turísticos e hospitalidade".

A viabilidade econômica e aplicação de cada uma das estratégias relacionadas à forma de pagamento e seus desdobramentos e transações, em "Moedas no turismo", complementam cada uma das estratégias abordadas no livro, dando um caráter de efetivo negócio e oportunidade econômica em si.

Como fator primordial a cada uma das estratégias apresentadas, ressalta-se ainda o que não poderia deixar de estar presente o elemento humano como cerne da questão. Esse tema relevante está no capítulo "Identidade profissional na geração de negócios em alimentos e bebidas", que ressalta a figura determinante do profissional dessa área.

O objetivo desta obra é acolher e conduzir o leitor ao longo de uma prazerosa leitura, que certamente o instigará a não parar por aqui e seguir adiante em seu percurso para desvendar as inúmeras oportunidades do Turismo.

Boa Leitura!

Mercado de luxo

SILVANA FURTADO
JIOVANA ALVES COSTA

> O luxo continua sendo uma raridade. O que é raro nos dias de hoje? Nossa maior riqueza é o *tempo*. Segundo, a *autonomia*; terceiro, o *silêncio*; quarto, a *beleza*; e, quinto, o *espaço*. São esses os cinco elementos do luxo.
> DOMENICO DE MASI.

O mercado de luxo no Brasil pode consolidar 2010 como o melhor ano para o luxo no país, impulsionando em até 50% as vendas nas quais o gasto médio do consumidor foi de quase R$ 3,5 mil por compra. Trata-se de um negócio que gera inúmeros empregos, tanto diretos quanto indiretos, merecendo a atenção não apenas do mercado, mas também do público em geral – inclusive dos acadêmicos, estudiosos e pesquisadores. Porém, fala-se muito em luxo, mas o que seria exatamente o luxo? Tenta-se neste artigo conhecer alguns conceitos do luxo, bem como dos produtos ou serviços oferecidos em hotéis de luxo para atender as necessidades e desejos desse nicho de mercado. Trata-se de um estudo preliminar que se baseia em um levantamento bibliográfico e em pesquisa, confirmando os pressupostos de que os produtos, assim como os serviços de luxo, estão relacionados à questão do alto preço e durabilidade.

Introdução

Diversos pesquisadores têm estudado o mercado de luxo nos últimos anos. Nota-se o surgimento de alguns cursos voltados especialmente à formação de profissionais para esse segmento, o que tem demonstrado tendências e estratégias diferenciadas pelo fato de se tratar de um nicho de mercado específico.

Isso possivelmente se deve ao crescimento de tal mercado – tanto em nível nacional quanto internacional –, além de à compreensão de que não se trata de um mercado de futilidades, mas sim de um mercado que movimenta bilhões e gera empregos e renda, e que outrora criava produtos especificamente para uma classe social mais selecionada.

Verifica-se que, a partir da II Guerra Mundial, depois da Revolução Industrial, e consequentemente com o aumento da renda da população, muitos dos bens de luxo foram distribuídos também para a classe que pudesse pagar por isso. Tal evento é também chamado de massificação do luxo (FAGGIANI, 2006; THOMAS, 2008; ALLÉRÈS, 2000).

Com base nisso, este artigo tenta entender tal mercado, tendo assim como principal objetivo conhecer os conceitos de produtos ou serviços de luxo apresentando algumas reflexões sobre o tema, muito abordado ultimamente no Brasil e no mundo.

Algumas considerações sobre o luxo

Pode até soar um pouco excêntrico falar sobre luxo, principalmente em um país como o Brasil, que apresenta amplos problemas de desigualdade social e pobreza. Porém, assim como outros mercados, este merece atenção.

Ele se refere ao universo composto por um grande número de atividades, todas muito diferentes quanto às suas origens históricas, culturais e profissionais, suas finalidades (nível do luxo nos objetos, produtos ou serviços) e seus pesos econômicos (ALLÉRÈS, 2000, p. 119).

De acordo com Thomas (2008, p. 3), "essa indústria é um negócio de US$ 157 bilhões", o que caracteriza um grande volume de negócios.

Porém, uma das dificuldades iniciais ao se estudar o luxo reside em sua própria conceituação, talvez pela diversidade de autores que estudam tal tema, bem como a maneira distinta como cada um apresenta seu conceito.

Berry (apud, Strehlau, 2004, p. 25) afirma que "o produto de luxo é algo de preço elevado, raro, que é objeto do desejo de muitos, cuja posse deve gerar prazer". Sendo essa uma das primeiras respostas ao pressuposto da pesquisa, já que uma das questões é analisar se a questão do preço seria uma das peculiaridades do produto de luxo.

Além dos aspectos materiais apresentados, Braga (2004) destaca também os aspectos psicológicos, como a intangibilidade de seu conceito, já que, para ele, o luxo deixa de estar ligado a um objeto para se associar a um signo, a um código, a um comportamento, à vaidade, ao conforto, a um estilo de vida, a valores éticos e estéticos, ao prazer e ao requinte.

Lipovetsky (2003) compartilha dessa ideia afirmando que o luxo ganha sua face emocional, sensual e de experiência.

Além da questão psicológica, Lipovetsky (2004) afirma que o luxo está ligado ao raro e exclusivo, por isso apresenta alto custo, sendo associado a um comportamento, uma vaidade; ao conforto, a valores estéticos, aos sabores, ao reconhecimento, ao prazer e à satisfação e até mesmo ao requinte.

Através das inúmeras facetas do luxo, busca-se refletir sobre o tema em questão de uma forma generalizada, já que se trata de uma abordagem sobre produtos (bens palpáveis) e serviços (intangíveis). Pôde-se ver até agora que, de acordo com as definições apresentadas, o luxo está relacionado à questão da qualidade, exclusividade, conforto, reconhecimento, tradição, alto custo, dentre outros inúmeros fatores, inclusive psicológicos e sociológicos.

Tanto o filósofo francês Lipovetsky (2004) como o psicanalista Jorge Forbes (2004) veem nessa evolução a grande tendência do segmento de luxo: além do sentido da acumulação exibicionista de objetos caros, "o que vemos hoje é a atração pelo luxo dos sentidos, do prazer e da sensibilidade sentidos na intimidade por cada indivíduo, e não o luxo exterior, da exibição e da opulência, que visa simplesmente demonstrar *status*".

O luxo ganha sua face emocional, sensual e de experiência. Isso não significa o fim da elitização do luxo, mas a mudança de sua expressão: da ostentação, voltada para a admiração de um terceiro, para o prazer individual de saber-se diferente. É a transição do luxo ostentatório para o intimista. Isso também se intensifica com a democratização das sociedades, que passam a renegar, de certa forma, a desigualdade entre as pessoas. O luxo passa a ser mais sensorial, de prazer e sensualidade – mais centrado nas sensações e menos na aparência.

Mercado de luxo no Brasil

A abertura do mercado brasileiro para o segmento do luxo ocorreu a partir da década de 1990, ocorrida em consequência da abertura das exportações e da estabilidade da moeda (AVRUCH, 2001).

É importante destacar que, antes dessa década, já existiam produtos de luxo no Brasil, obtidos essencialmente através de viagens. Porém, a sua comercialização era bem menor se comparada à atualidade.

De acordo com o autor, verifica-se a partir dessa década a vinda de inúmeras grifes, que trouxeram consigo também uma educação e cultura quanto à qualidade, beleza, tradição e sofisticação embutidas nos produtos de luxo, o que representa um aprendizado cultural que beneficia também a outros mercados de produtos e serviços, independentemente do segmento (AVRUCH, 2001, p. 37).

Vale também ressaltar que essa abertura do mercado de luxo em diversos países se deve ao fato de as grifes mais caras terem deixado de ser empresas familiares, que abasteciam apenas alguns milionários com seus artigos exclusivos, para, a partir dos anos de 1980, começarem a ser comandadas por executivos objetivando novos negócios, compradores, clientes e, consequentemente, o lucro (ALLÉRÉS, 2000).

Nessa linha de pensamento, Jesus (2005) destaca o seguinte:

> Atualmente, o mercado de luxo enquadra-se na dinâmica realidade empresarial dos grandes negócios mundiais e, como qualquer outra atividade extremamente lucrativa, atrai o interesse de grandes grupos industriais e financeiros de atuação internacional. Esse fato pode ser exemplificado pelo conglomerado LVMH[1], que congrega algumas marcas famosas.

Strehlau (2008) também dá a sua contribuição, destacando que, no Brasil, existe apenas a comercialização de produtos de luxo. Informa também que as empresas detentoras das marcas que atuam em tal mercado são predominantemente de origem europeia, americana e japonesa.

A afirmativa de que o Brasil se apresenta em condição favorável para o desenvolvimento e crescimento do mercado de luxo faz-se válida quando analisamos dados como os citados pelo Banco Mundial, que apresenta o Brasil na 6ª posição entre as economias do planeta. A mesma fonte também mostra que o país responde por metade da economia da América do Sul, equivalendo a 3% do PIB mundial, dividindo posições ao lado de po-

---

1 Louis Vuitton Moet Hennessy – Controla diversas grifes, dentre as quais Christian Dior, Givenchy, Christian, Lacroix, Kenzo, Céline, Loewe, a maior rede de *duty-free* da Ásia (a DFS), a loja de produtos de beleza Sephora (com 13 lojas na França e 14 nos EUA, entre outros países), um magazine em Paris (Le Bon Marché), 20% da Gucci e outros negócios.

tências como Reino Unido, França, Rússia e Itália. Além do mais, ocupa o 54º lugar no *ranking* do PIB per capita, sendo também o 5º maior em extensão territorial.

O quadro abaixo mostra o faturamento do mercado de luxo no Brasil de 2006 a 2009:

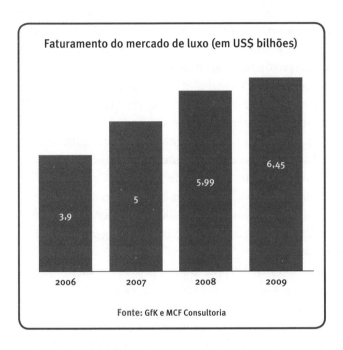

Pode-se perceber que em 2009, mesmo com a crise financeira mundial, o universo de luxo faturou mais de US$ 6 bilhões no Brasil, 8% a mais do que o faturamento registrado em 2008, segundo o último estudo da empresa de pesquisas GfK Brasil em parceria com a MCF Consultoria, especializada na área. Em 2009, chegaram ao Brasil as grifes Hermès, Missoni, Christian Louboutin, Bentley, Lamborghini e Bugatti, que investiram juntas US$ 830 milhões. Ainda há espaço para crescimento no país. Conforme mostra o relatório apresentado pelo Banco Merrill Lynch, publicado em junho de 2009, existem hoje no Brasil 131 mil pessoas com investimentos de pelo menos US$ 1 milhão. Pelos cálculos da Revista Forbes de março de 2010, que publica anualmente um *ranking* com os mais ricos do mundo, o Brasil também nunca teve tantos bilionários: são 18 na lista, com o brasileiro Eike Batista na 8ª posição entre as pessoas mais ricas do mundo, com uma fortuna estimada de US$ 27 bilhões.

A empresa hoteleira Four Seasons anunciou em 2009 que já está negociando parcerias com investidores brasileiros e internacionais para a construção de até três hotéis da rede no país – um deles possivelmente no Rio de Janeiro até 2014, quando será realizada a Copa do Mundo no Brasil. O Grupo LVHM, controlador de marcas de luxo como a Louis Vuitton, é outro que tem planos de abrir aqui no Brasil um hotel de luxo. Céline Kay, diretora do primeiro hotel do grupo no mundo, afirmou que o modelo de negócio da companhia terá uma boa aceitação no Brasil. Louis Vuitton e Four Seasons estão de olho nos brasileiros capazes de gastar mais de R$ 30 mil em uma bolsa ou R$ 5 milhões num imóvel[2].

Além desses fatores favoráveis, vale notar que em 2007 o Brasil passou a integrar o grupo de países com elevado Índice de Desenvolvimento Humano (IDH)[3], além de ter sido promovido, no primeiro semestre de 2008, a *investment grade*[4] pelas agências internacionais de *rating*.

Esses dados desenham, assim, um painel favorável ao Brasil diante do mercado de luxo. O consultor Carlos Ferreirinha afirma que o crescimento do setor é de 30% ao ano desde 2000 (SAMBRANA, 2004). Além disso, a consultoria americana Bain & Company aposta em uma elevação de 35% até o ano de 2013[5].

De acordo com José Estevão Cocco, presidente da J. Cocco, as expectativas são grandes. Ele comenta:

> Se depender do crescimento do número de ricos no Brasil, as expectativas mais otimistas serão confirmadas, afinal, segundo a Fundação Getúlio Vargas, a pobreza tem diminuído por aqui e as classes mais abastadas vêm ganhando novos membros.[6]

---

2 Mercado de luxo – Disponível em: <http://epocanegocios.globo.com/Revista/Common/0,,EMI127499-16357,00-O+MAPA+DO+MERCADO+DE+LUXO+NO+BRASIL.html>. Acessado em: 27 mar. 2010.

3 Organização das Nações Unidas.

4 Grau de Investimento – melhor nível de classificação de risco de dívida que um país pode receber. Disponível em: <http://www.administradores.com.br>. Acessado em: 22 nov. 2009.

5 Edição especial *Veja São Paulo* – A São Paulo dos desejos. Disponível em: <http://vejasaopaulo.abril.com.br/revista/vejasp/edicoes/luxo/sao-paulo-desejos-401123.html>. Acesso em 24 out. 2009.

6 Revista Marketing Direto. Disponível em: <www.abemd.com.br/Revista/pdf_revistas/Setembro_08.pdf>. Acesso em 24 out. 2009.

De fato, verifica-se que o crescimento do poder aquisitivo do brasileiro é uma das razões pelas quais as principais marcas estão apostando suas fichas no Brasil.

Principais cidades brasileiras para o mercado de luxo

Pesquisa realizada pelo grupo Publicis Salles Norton constatou que, no Brasil, 50% das famílias mais ricas estão concentradas em apenas quatro cidades: São Paulo, Rio de Janeiro, Brasília e Belo Horizonte[7].

Outra pesquisa revelou que na cidade de São Paulo há 34 mil pessoas cuja renda mensal familiar ultrapassa R$ 50 mil, 10 mil pessoas a mais em comparação à pesquisa realizada apenas três anos antes[8].

Tais dados demonstram o grande potencial existente no país. Porém, é notório que a cidade de São Paulo ocupa lugar de destaque, figurando como principal polo, já que a capital paulista detém mais de 70% do poder de compra nacional, além de possuir 2,9 milhões de pessoas – mais de ¼ da população da cidade – com rendimento familiar acima de R$ 6 mil[9].

Analisando os indicadores mencionados, percebem-se as razões pelas quais São Paulo é aclamada como a "cidade dos desejos" e por que a *Excellence Mystery Shopping International* classificou a Rua Oscar Freire e seus arredores, na cidade de São Paulo, em 8º lugar no *ranking* das dez ruas comerciais mais chiques do mundo (COSTA apud JESUS, 2005, p. 102-103).

Ou seja, o motivo da existência de templos de luxo como o Shopping Iguatemi, Daslu e Shopping Cidade Jardim se deve ao fato de os paulistanos deterem um maior poder de compra e porque a cidade apresenta uma grande população.

Vale lembrar, no entanto, que São Paulo não é somente o destino perfeito para grifes como Cartier, Fendi, Louis Vuitton, Mont Blanc, Versace, Armani,

---

7 Edição especial Veja São Paulo – A São Paulo dos desejos. Disponível em: <http://veja-saopaulo.abril.com.br/revista/vejasp/edicoes/luxo/sao-paulo-desejos-401123.html>. Acessado em: 19 jan. 2009.

8 Luxo, cada vez mais luxo. Disponível em: < http://www.brandingemarcas.com.br/midia/pdf124.pdf>. Acessado em: 23 jan. 2009.

9 Pesquisa "O Mercado de Luxo no Brasil 2007/2008". Disponível em: <http://www.atualuxo.com.br/media_center/imgul/20080902-ApresentacaoPrevia2008.pdf>. Acessado em: 27 jan. 2009.

Hilfiger, Baccarat, Dior, Vertigo, Benetton, Tiffany & Co, Bally, Cavalli, Zegna, Armani, Max Mara, Replay, Diesel, Miss Sixty, L'Energie, Timberland, Boss, Kenzo, Gucci, Rolex, Chanel, Cartier, Tiffany, Prada ou Hermès. Além de toda essa oferta, a cidade também dispõe de um dos maiores e melhores polos gastronômicos do país; conta com construtoras especializadas em imóveis de luxo, empresas de decoração de alto padrão, fábricas de helicópteros, hospitais de ponta, dentre diversos outros produtos e fornecedores de serviços voltados aos consumidores de elevado poder aquisitivo.

Produtos e serviços de luxo

A definição de produto escolhida é a de Kotler (2000, p. 416). O autor conceitua produto "como sendo algo que pode ser oferecido a um mercado para satisfazer uma necessidade ou desejo".

Allérès (2000) também dá a sua contribuição, e salienta que um objeto de luxo encerra todos os qualificativos da perfeição, em todos os níveis de sua existência e de seu itinerário. A partir disso, descreve as principais características que um produto de luxo possui:

▷ **Concepção e Realização** A autora observa que um produto perfeito é pensado desde sua concepção: é pensado nos materiais mais nobres, também na busca de formas mais harmoniosas, assim como na seleção das ideias mais originais e inovadoras, bem como nas condições de realização e controle perfeccionistas. Representa-se assim o sinônimo de um produto precioso, requintado.

▷ **Acondicionamento** Refere-se à embalagem, frasco ou invólucro. Quanto mais o produto é de "alto nível", mais sua apresentação global deve ser luxuosa, assegurando-se assim o nível de perfeição inigualável.

▷ **Preço** Se é falso que um produto caro seja *sempre* um produto de luxo, é **verdadeiro que um produto de luxo é *sempre* um produto caro**.[10] Isso por se tratar de um produto composto de materiais nobres, fabricado em pequena quantidade, além de todas as demais características necessárias para tal classificação.

---

10 Grifo do autor.

⇨ **Distribuição** A distribuição deve ser selecionada de acordo com a imagem do produto e marca. Quanto mais o produto é seletivo, mais sua distribuição é reduzida.

⇨ **Comunicação** Uma comunicação bem-sucedida é um hábil equilíbrio entre a transmissão da notoriedade da marca, o conceito-produto e sua imagem, a clientela pretendida e uma justa escolha dos meios de comunicação selecionados.

A materialização de alguns conceitos de luxo em serviços

Allérès (2000) considera que os objetos, os produtos ou os serviços de luxo representam a mais forte complexidade de escolha para um consumidor. Eles traduzem, ao mesmo tempo, opções racionais (preço, qualidade e uso) e irracionais (buscas de siglas, padrões de vida, fidelidade à marca e símbolos de distinção social).

Pela análise do exemplo de um hotel de luxo, tenta-se aqui materializar os conceitos de um produto de luxo nos serviços oferecidos por esse hotel, conforme itens abaixo:

⇨ **Concepção e realização** Como exemplos, temos os Hotéis Emiliano, Fasano e Unique – localizados na cidade de São Paulo, em bairros nobres. Este último é projeto arquitetônico em forma de arco invertido assinado por Ruy Ohtake (inovador). O Hotel Emiliano apresenta em suas suítes banheiros de mármore Carrara e mobiliário com poltronas Charles Eames do acervo do MoMA, de Nova York (materiais nobres). Já o Hotel Fasano consolida o conceito de hotel *design* no Brasil. Este é um estabelecimento com alma[11] (ideias originais). Além desses fatores, pode-se considerar inclusive a questão da hospitalidade, já que se preocupam com a maneira atenciosa de acolher e receber seus hóspedes e clientes.

⇨ **Acondicionamento** Aqui podemos considerar o entorno de tais hotéis. Os hotéis Emiliano e Fasano estão localizados na Rua Oscar Freire – uma das dez ruas mais luxuosas do mundo, segundo a consultoria

---

11 Hospedagem personalizada. Disponível em: <http://www.conteudoeditora.com.br/publicacoes/?ec=285&cs=22>. Acesso em 10 nov 2009.

internacional *Excellence Mystery Shopping*.[12] O Hotel Unique também apresenta localização privilegiada, já que está próximo ao Parque Ibirapuera, com acesso para algumas das principais vias da cidade. Nesse item, pode-se pensar também nos funcionários, harmonia, tecnologia e inovação dos móveis, tudo em seu devido lugar.

⇨ **Preço** A variação das diárias do Hotel Emiliano é de R$ 1.100,00 a R$ 1.950,00; o Fasano apresenta uma variação de R$ 1.120,00 a R$ 4.100 e o Unique, R$ 1.100,00 a R$ 15.000,00[13]. Ou seja, apresentam alto custo em suas diárias.

⇨ **Distribuição** Os hotéis de luxo selecionam os seus fornecedores cuidadosamente quando da seleção de seus canais de distribuição. Esse item trata da geração de negócios: venda e comercialização.

⇨ **Comunicação** Assim como no processo de distribuição, quando se trata de comunicação, os hotéis de luxo devem selecionar quais os meios de comunicação que utilizarão, como também a maneira de distribuir a sua imagem. Não é interessante fazer uma campanha publicitária, por exemplo, em uma Revista Veja, em se tratando de um hotel de luxo. O mais interessante é divulgar em revistas mais elitizadas, como Vogue. Na verdade, essas duas ferramentas devem andar juntas, pois uma depende da outra: conceito e comunicação.

Considerações finais

Pela pesquisa, verifica-se que o crescimento do mercado de luxo no Brasil é um fato, sendo a cidade de São Paulo a morada de mais da metade dos consumidores dos bens de luxo do país. Porém, a carga tributária se apresenta como um dos entraves para o desenvolvimento desse mercado.

No que concerne ao objetivo central do artigo, verificou-se que os dois pressupostos são confirmados. Em relação ao preço do produto ou serviço de luxo, constata-se que inúmeros autores justificam que ambos devem apresentar realmente um preço elevado, já que em todas as etapas de cria-

---

12 Luxo. Disponível em: <http://www.cidadedesaopaulo.com/sp/guia-de-compras>. Acesso em 10 nov 2009.

13 Informações obtidas pela central de reserva de tais hotéis no dia 15 de março de 2010.

ção de tais bens buscam-se artigos raros, mais exclusivos, muitos elaborados de forma artesanal e desenvolvidos por artesãos especializados.

Esse alto valor deve-se ao fato de que antes (concepção), durante (fabricação) e depois (distribuição e comunicação) da fabricação dos produtos e serviços de luxo se pensa na melhor forma de alcançar a perfeição de tais bens: tanto de forma tangível, quanto intangível (psicológica), já que alcança a realização dos desejos, podendo até gerar prazer.

Quanto aos serviços, como se viu, também foi constatado que apresentam um valor alto, pois normalmente é necessária a contratação de ótimos funcionários, que em geral apresentam ótima formação, boa educação, conhecimentos diversos – o que significa que sua contratação e manutenção representam alto investimento.

Por se tratar de serviços, verifica-se que a dificuldade em alcançar a perfeição ainda é maior, quando comparamos aos produtos, já que se trata de algo intangível. Estamos falando aqui de pessoas, no caso dos funcionários que um dia podem estar muito bem, não deixando assim que nada reflita em sua rotina de trabalho; ou no caso dos hóspedes, que podem estar muito mal e não se satisfazer com nada.

Talvez se possa afirmar que a questão da durabilidade seja um reflexo do alto preço pago pelos produtos e serviços de luxo, reforçando que ambos andam juntos; a partir do momento que os bens de luxo zelam pela seleção das melhores matérias-primas, isso deve gerar bens de luxo duráveis, uma garantia na qualidade dos serviços.

Por fim, recomendam-se estudos futuros mais aprofundados sobre os conceitos do luxo contemporâneo, bem como a massificação de tais bens.

Referências

ALLÉRÈS, Danielle. *Luxo*: estratégias de marketing. Rio de Janeiro: Editora FGV, 2000.

AVRUCH, Márcia. "Elegância a toda prova", *Forbes Brasil*, São Paulo, 2001.

BRAGA, João. "Sobre o luxo", *Costura Perfeita*, 2004.

FAGGIANI, Katia. *O poder do designer*: da ostentação à emoção. Brasília: Thesaurus, 2006.

FORBES, Jorge. *O homem desbussolado*. Conferência Internacional do Luxo, 24 de agosto de 2004, Fundação Armando Álvares Penteado, São Paulo-SP.

JESUS, M. A. S. "O mercado de bens de luxo: referenciais teóricos desse segmento de mercado", *Anais do Simpósio Internacional de Gestão de Negócios em Ambiente Portuário (SINAP)*, Santos-SP, 2005.

KOTLER, Philip. *Administração de marketing*. São Paulo: Prentice Hall, 2000.

LIPOVETSKY, G.; ROUX, E. *O luxo eterno:* da idade do sagrado ao tempo das marcas. São Paulo: Companhia das Letras, 2003.

LIPOVESTKY, Gilles. *Luxo:* necessidade e desejo do supérfluo. Conferência Internacional do Luxo, 24 de agosto de 2004, Fundação Armando Álvares Penteado, São Paulo-SP.

SREHLAU, S. *Marketing do Luxo*. São Paulo: Editora Cengage Learning, 2008.

STREHLAU, S. *O luxo falsificado e suas formas de consumo*. Tese de Doutorado, Escola de Administração de Empresas de São Paulo, Fundação Getúlio Vargas, São Paulo, 2004.

THOMAS. Dana. *Deluxe:* como o luxo perdeu o brilho. Tradução Ana Gibson. Rio de Janeiro: Elsevier, 2008.

SAMBRANA, Carlos. "Luxo domina o Brasil", *Isto É Dinheiro*. Disponível em: <http://www.terra.com.br/istoedinheiro/348/estilo/348_luxo_brasil.htm>. Acessado em 11 nov. 2009.

A brasilidade como estratégia impulsionadora de negócios na hospitalidade
Glocalização – estudo de caso rede Tropical Hotels & Resorts e a cultura indígena

Andrea Nakane
Francisco Canindé Gentil Vieira

A queda das barreiras geográficas mundiais, concretizada pela ordem sócio-econômica conhecida como globalização, estimulou a busca de uma nova perspectiva valorativa da cultura local chamada de *glocalização*. A sinergia do termo com os estudos da hospitalidade permitiram uma análise acadêmica sobre o ambiente cultural resgatado por um empreendedor do setor hoteleiro. A aplicabilidade de tais conceitos e a introdução de novos patamares de observação no campo mercadológico são referenciais encontrados nesse estudo de caso. Tais práticas possibilitaram identificar reconhecimentos tangíveis de reposicionamento corporativo e adesão social, conquistando multiplicadores internos – representados por seus colaboradores – e externos – representados pela mídia e sociedade.

Hospitalidade universal

A retomada dos estudos da hospitalidade em meados do século XX manifestou a necessidade latente do homem de resgatar a real natureza das relações humanas, na qual o bem estar harmonioso do coletivo deve ser a sua meta.

Ciente de que integra diversos grupos diferentes – no trabalho, na família, na igreja, no clube, na vizinhança, na escola, em eventos etc. –, o homem do século XXI consolida seu conhecimento de que a convivência entre seus pares faz parte de sua própria sobrevivência. Essa compreensão começou a ser clarificada ainda na década de 1950 pelo psicólogo americano

Abraham Maslow, cujos estudos evidenciaram que o ser humano possui diversas categorias de necessidades a serem supridas, ramificações de duas categorias principais – as fisiológicas e as psicológicas.

Na vertente referente à categoria psicológica, temos o item *sociabilidade/associação* e nota-se que o conforto do pertencimento, isto é, o contentamento de perceber-se integrado, adaptado e acolhido é condição *sine qua non* para a satisfação de galgar novos patamares, possibilitando aptidões de aprender e realizar atividades que incluam seus semelhantes. [...] A hospitalidade é um processo de agregação do outro à comunidade e a inospitalidade é o processo inverso (GOTMAN, 2001, p. 493).

O conceito acima proclamado confirma a tendência do pertencimento, sendo ele mais abrangente e de caráter irrestritamente humanista.

Segundo Lashley e Morrison (2004), os domínios da hospitalidade podem ser compreendidos como social, privado e comercial. Camargo (DENCKER et al 2004) define a hospitalidade como: [...] o ato humano, exercido em contexto doméstico, público ou profissional, de recepcionar, hospedar, alimentar e entreter pessoas temporariamente deslocadas de seu *habitat*.

Camargo (2004) anuncia que há duas escolas de estudo da hospitalidade: a francesa e a americana.

No caso da escola oriunda da Europa, existe uma predisposição pelo desprezo à hospitalidade comercial, já que seus seguidores acreditam que a hospitalidade deve ser desenvolvida sem o envolvimento de vínculos meramente capitalistas.

A escola americana, mais pragmática e baseada nas prerrogativas capitalistas, qualifica-se pela ligação baseada no contrato, na prestação de serviços que recebe em troca um valor monetário pré-estabelecido.

Com essa afirmação, de esfera mais atual, pode-se fundamentar que a realidade mercadológica apresenta-se como um fato e que as relações têm profundas alterações devidas às condicionantes oriundas dessa nova ordem sócio-econômica.

O próprio estudo de caso a ser avaliado neste projeto de pesquisa está relacionado ao segmento corporativo, que tem na prática do relacionamento comercial sua razão de existir.

A diretriz-alvo do estudo é a hospitalidade com aspecto comercial, com bases utilitárias na hospitalidade doméstica e na social, representativas da própria bagagem vivencial das pessoas/profissionais envolvidos no evento.

Há movimentos representados por iniciativas inglesas e brasileiras que buscam criar sinergias entre as duas escolas tradicionais – americana e francesa – tendo em vista que a matriz originária dessas escolas clássicas no estudo da hospitalidade é a mesma, calcada na hospitalidade doméstica. Além disso, a própria leitura do livro *O espírito da dádiva*, com seu pressuposto da reciprocidade – dar, receber e retribuir –, possibilita interpretações e utilizações em ambas as linhas acadêmicas.

> [...] ser um bom anfitrião pressupõe mais do que determinadas condutas, como garantir que há bebida suficiente e que os hóspedes têm o bastante para comer. Requer, além disso, um desejo genuíno de agradá-los e deixá-los satisfeitos. (TELFER, 1996 apud LASHLEY e MORRISON, 2004, p. 16)

A raiz da hospitalidade comercial é a hospitalidade doméstica, e pressupondo-se que ela esteja contida em cada ser humano, em cada profissional que integrará uma equipe de eventos, um conjunto de estímulos e padrões deverá compor sua capacitação e treinamento.

Em todas as escolas a hospitalidade é estabelecida como sendo a nomeação para todas as relações com seu semelhante.

Com alicerce nesse pensamento do sociólogo francês Derrida, pode-se alinhar uma corrente diretamente orientada para os estudos realizados pelo antropólogo Marcel Mauss na sua obra *Ensaio sobre a dádiva*, em que desenvolveu uma visão universalista sobre a teoria da reciprocidade, baseada no tripé dar, receber e retribuir. Mauss concluiu que essa proposição está presente em todas as questões de sociabilidade humana. E, nesse caso, não há distinções tão latentes entre a hospitalidade doméstica, social ou comercial, pois a dádiva está presente de forma concebível – perceptivelmente ou não – em todos os fatos relacionados à prática das trocas nas relações entre os indivíduos.

Globalização, glocalização e hospitalidade

Um visitante em qualquer região do globo terrestre já traz em sua bagagem vivências acumuladas em outras nações, o que salienta que a atividade turística foi uma das primeiras a refletir a globalização de forma plena.

Para a globalização, não há um conceito rígido quanto à sua compreensão, mas de forma sucinta e prática pode-se defini-la como sendo um **processo de integração de economias e mercados universais.**

Muitos estudiosos a batizaram de "terceira revolução tecnológica" (processamento, difusão e transmissão de informações) e a grande maioria acredita que a globalização pode ser considerada uma nova era da história humana.

O termo tem suas raízes no século XVII, com a Revolução Industrial, mas sua vasta proliferação ocorreu no final do século passado no momento em que a tecnologia da informática se integrou à de telecomunicações e as redes começaram a surgir e dominar o mercado.

O novo imperialismo, como a globalização também é conhecida, abrange muito mais que o fluxo monetário e produtivo do mundo, pois o conceito aponta um parâmetro de interdependência dos países e das pessoas, além da uniformização de padrões e intercorrências, que atingem também o espaço social-cultural.

São dois pesos sob a mesma medida: a percepção da necessidade excluidora da onipotência, como outrora muitas nações conduziam suas relações, e a implantação devastadora da pujança poderosa, de poucas sobre muitas.

Esse fato isoladamente fomentou grupos de discussão objetivando um aperfeiçoamento dessa concepção, surgindo então a *Glocalização*, um neologismo da fusão dos termos *globalização* e *localização*, que direciona a presença da esfera local na produção de uma cultura global. No ocidente, o primeiro autor a utilizar o termo foi Roland Robertson, cuja visão da globalização incorpora questões globais ao universo local, sem transformá-lo em um conceito meramente de identidade cultural.

Pode-se então citar como conceito que a Glocalização é um pensamento global, porém com uma ação local, regionalizada, que considera os hábitos, os costumes, a identificação singular territorial; afinal, mesmo integrando a mesma aldeia mundial, os povos são diferentes e únicos. Conforme o sociólogo da universidade de Aberdeen, na Escócia, Roland Robertson, já citado acima e considerado um dos mais respeitados estudiosos do assunto, o conceito de glocalização tem o "mérito de restituir à globalização uma realidade multidimensional"[1].

A latente indagação, portanto, é não só identificar as chances de um mundo integrado, mas como explorá-lo de forma mais produtiva e com maior respeito aos universos locais.

O Brasil, apenas por sua grandeza territorial, já seria um campo fértil para a exploração da Glocalização. Mas seu mosaico de diferentes expres-

---

1 Tradução livre feita pelos autores.

sões culturais o torna um verdadeiro polo de riquezas que, se bem explorado, pode gerar experiências únicas e memoráveis, como sendo metas que devem fazer parte de qualquer projeto de um acontecimento que realmente queira receber o adjetivo de especial.

Um país ávido por ações que valorizem suas culturas

O mundo na atualidade enfrenta grandes desafios para sanar problemas que surgiram no desenrolar da sua história, em função do crescimento da população e das soluções que foram aplicadas para suprir necessidades que se apresentaram no decorrer dos tempos.

Essas necessidades sempre foram levantadas e apontadas pelos sociólogos, porque estes especialistas estão invariavelmente preocupados com a origem e o desenvolvimento das sociedades humanas em geral, e de cada uma em particular.

Segundo o grande filósofo Augusto Conte, Sociologia é o conjunto das ciências que tratam do homem na sociedade sob seus aspectos moral, jurídico, político, econômico e, portanto, trata do social; em outras palavras, de tudo o que diz respeito à sociedade.

O nível de atenção que hoje é dispensado pela sociedade e para a sociedade é expressivo, mas ainda insuficiente para responder à gama de situações que se apresentam e se aglutinam pelos quatro cantos do mundo, solicitando participação para que sejam solucionadas sob o âmbito das responsabilidades.

Este comportamento pode ser entendido não só como uma resposta enfática de urbanidade, mas prioritariamente inserida no contexto da responsabilidade. Tachizawa, T. (2005) cita que a integração com a comunidade preserva – na forma de ações de comunicação e relacionamento social – valores éticos, personalidade, conceitos de negócios e filosofia de qualidade.

A afirmação de Tachizawa aponta que essas ações, quando desenvolvidas, demonstram respeito pela sociedade, pelo cenário onde o ser humano se instala e especialmente pela valorização da cultura, fatores perceptíveis e admirados por qualquer indivíduo.

Marconi, M. e Presotto, Z. (1989) citam que Edward Tylor foi o primeiro cientista a formular um conceito sobre cultura. Tylor define *cultura* como um todo complexo que inclui conhecimento, crenças, arte, moral, leis, costumes e todos os hábitos e aptidões adquiridos pelo homem como membro da sociedade. Assim, cultura pode ser entendida como uma herança de valores e objetos, compartilhada por grupos humanos coesos e que representa uma civilização.

Esta reflexão favorece que se entenda que preservar a cultura é preservar a essência de um povo. É por isto que todas as ações quando aplicadas neste sentido são reconhecidas satisfatoriamente por todas as camadas sociais, pois claramente respondem às obrigações universais e expressam comportamentos relacionados à responsabilidade sócio-cultural.

A miscigenação de raças pode ser considerada uma das importantes características do Brasil porque seus habitantes apresentam variadas imagens, fator que explicita uma composição populacional bastante diversificada, expressiva e de valores culturais bastante ricos.

As Ciências Sociais têm se preocupado muito com a construção das identidades fragmentadas das raças negra e índia, das mulheres, dos trabalhadores e de outros grupos que formataram o povo brasileiro, assim como as linguagens e vários elementos da cultura que são resultantes da mistura das raças.

Dentre aquelas que compõem essa miscigenação se destaca a indígena, dos tradicionais habitantes da terra brasileira, de quem riquíssima herança foi recebida, desde linguagem, brincadeiras, artefatos e hábitos até alimentação.

Pesquisas apontam que ainda hoje há uma população de 300 mil indivíduos que vivem em aldeias, de norte a sul do país e que, mesmo dentre aqueles que vivem em contato com outros grupos da sociedade brasileira, existe a preocupação de manter sua identidade, fator que reafirma o valor étnico e o respeito pelas suas manifestações culturais, tão representativas para o Brasil.

Não seria preciso dizer que o número citado de indivíduos indígenas hoje existentes no Brasil é bastante diferente de quando eles eram os donos da terra. Este fato permite avaliar que no correr dos tempos, portanto da história, os índios brasileiros não receberam atenção adequada para que sua representatividade tivesse hoje maior expressão e, assim, fosse fortalecida a perpetuação da sua etnia e das suas tradições – o que é um grande risco para a diversidade na cultura brasileira.

Diante do exposto, pode-se dizer que há grande necessidade de que o Brasil estabeleça compromissos severos não só para resgatar traços da sua alma popular, entre os quais se incluem aqueles que foram herdados do habitante primitivo do país; mas também seria preciso expressá-los de forma a torná-los vívidos, na seara da sua existência enquanto civilização, sendo plenamente possível apresentar essa referência como um primoroso diferencial mercadológico.

Estudo de caso

O capitalismo promoveu, no final do século passado e no início deste, comportamentos especiais para que seus procedimentos acontecessem favoravelmente nos ambientes comerciais e atingissem horizontes universais. Este fator gerou consecutivamente expansão nos negócios e, assim, necessidade do aumento das produções, implantou hábitos distintos e solicitou a reorganização das sociedades. Provocou ainda uma elevação do sistema comercial, grandes transformações na natureza e acirrada concorrência no universo dos negócios.

Este último motivo despertou nas sociedades comerciais a necessidade de explicitar diferenciais sensíveis, para que suas imagens tivessem destaque no campo da conturbada disputa por mercados.

Investimentos pequenos, médios ou altos são aplicados na atualidade para favorecer que pessoas, serviços, produtos e empresas estejam posicionados no ângulo de percepção de seus públicos.

No cumprimento dessa tarefa, as mais diversificadas ações são aplicadas, sempre buscando-se o maior impacto para atingir o objetivo almejado, fazendo da criatividade um fator de importância.

Entre as mais diferentes ações para essa finalidade estão aquelas que utilizam os valores culturais, pois a união dos negócios com a cultura apresenta resultados que são impulsionados pela energia do componente principal, que é o próprio povo e suas raízes, valores que respondem ao conceito de humanidade.

No Brasil, há um importante estudo de caso que demonstra a eficiência dessa sinergia e, sobretudo, comprova que, quando se investe em componentes da raça, a sensibilidade corporativa cria patamares de observações que não fogem ao olhar humano.

A Rede Tropical Hotels & Resorts Brasil possui unidades na Bahia, Paraíba e Amazonas. Como plano-piloto para a implantação do projeto "Essência Brasil", foi utilizada a unidade de João Pessoa, PB.

O desenho do projeto

O projeto "Essência Brasil" nasceu da ideia da professora Clarissa Bezerra, que atua na UNP – Universidade Potiguar. O projeto tem como foco a engenharia da hospitalidade para fomentar um modelo de gestão referenciado pela essência corporativa, no sentido de fortalecer e ressaltar a identidade cultural de cada região no Brasil sem a interferência direta da cidadania corporativa, mas podendo ser aplicada para empreender comercialmente, fator que ressaltará o verdadeiro sentido social de existir do mundo corporativo. Para tanto, como gestora do projeto, ela buscou parcerias no meio acadêmico, no meio social e no mercado, este último representado pela Rede Tropical de Hotéis.

Assim, o projeto "Essência Brasil" tem como objetivos fortalecer, divulgar e preservar a expressão plena da diversidade cultural de cada localidade nas suas mais variadas vertentes, no sentido de contribuir para a consolidação de políticas públicas e ações privadas, para o reconhecimento e preservação das potencialidades imensuráveis da etnia brasileira.

A fim de desenvolver o projeto, foi organizada uma equipe composta por 55 pessoas entre especialistas em pesquisas e voluntários para atuar na compilação e organização dos dados que foram encaminhados para o reconhecimento de resultados.

Essa equipe ficou sob coordenação da professora Clarissa Bezerra, do antropólogo Dr. Luzival Barcelos e do pró-reitor da Universidade Federal da Paraíba, Dr. Luiz Renato de Araújo Pontes. Fez parte também da equipe o cineasta e fotógrafo Juan Soller, que realizou o registro de imagens.

O plano traçado necessitava da escolha de uma área que possibilitasse o reconhecimento da maior quantidade de elementos para o estudo e, portanto, favorecesse um diálogo interessante com a realidade, se tornando o ambiente "laboratório" que apontaria os comportamentos para a sequência dos estudos em outras regiões do país. A escolha recaiu sobre São Francisco, na Paraíba, porque, além de ser uma das maiores áreas em população, há diversidades culturais expressivas entre as aldeias.

Foram 12 meses de trabalhos sob orientação do professor Dr. Luzival Barcellos, que adotou como procedimento investigativo escutar, observar e deixar, como informa a equipe, "a realidade falar".

O resultado apresentou a vasta riqueza do cenário e do povo potiguar, de forma sensível e com beleza poética, "a terra, as águas, as matas, as cachoeiras e a fé integram a natureza e se constituem em lugares sagrados".

A Rede Tropical de Hotéis e a aplicação do projeto

A alta administração da rede definiu como seu desafio buscar um comportamento mais eficiente para empreender, valorizando e preservando a "Essência da Brasilidade" nos aspectos mais peculiares de sua diversidade, fazendo com que "Essência e Consciência" estejam cada vez mais presentes no conceito da rede "Brasil Tropical".

Para Adenias Gonçalves Filho, presidente da rede hoteleira, "os consumidores estão ávidos para receber valor e identificar como o produto é trabalhado, privilegiando empresas que contemplam uma preocupação social".

Assim, assumindo um papel de vanguarda, ampliando o conceito de responsabilidade sócio-ambiental difundido atualmente de forma ampla no ambiente corporativo e em outras esferas sociais, a Rede Tropical Hotels & Resorts Brasil construiu o projeto em estudo, tendo como bases para ação o reconhecimento da:

⇨ Ausência da consciência social para a importância da valorização e reconhecimento da cultura indígena.

⇨ Baixa autoestima das comunidades indígenas aliada ao preconceito e à rejeição local.

⇨ Falta de reconhecimento e apoio da sociedade em relação à riqueza cultural da tribo indígena.

⇨ Necessidade de apoio, estruturação e divulgação da produção artesanal da tribo.

⇨ Falta de argumentos culturais consubstanciados em imagens, com registros para finalidades educacionais.

⇨ Falta de avaliação da potencialidade do mercado para o turismo étnico.

⇨ Inexistência e viabilização de roteiros culturais relacionados às origens da cultura indígena

⇨ Ausência de roteiros com referências culturais capazes de gerar vertentes adicionais de fluxos locais, nacionais e internacionais.

Apoiados nestes itens explícitos foram ativados os itens implícitos, cujo reconhecimento acontece através do valor da informação cultural e de respeito à raça, apresentados e aproveitados pela marca da Rede Tropical de Hotéis.

Essa primeira experiência foi aplicada para valorizar a arte e a cultura da comunidade indígena Potiguar, tendo como apresentadores a Rede Tropical de Hotéis e o Hotel Tambaú de João Pessoa, considerado o hotel cartão-postal da cidade.

Para tanto, no período de abril de 2008 a abril de 2009, obedecendo a comportamentos científicos, foram levantados dados sobre a tribo Potiguar, entre os quais estão suas origens, hábitos, costumes e arte.

Este conjunto de dados facilitou as análises e a elaboração inicial de matérias e componentes em imagens fotográficas e eletrônicas, todas de grande beleza, que permitiram a organização de um acervo que obedece a um plano estético apurado e assim incentiva à posse desse material. São eles:

⇨ Álbum digital "Projeto Tropical Essência Cultural Paraíba".

⇨ CD Imagens Indígenas – Essência Paraíba.

⇨ *Folders* específicos do Hotel Tambaú.

⇨ Pasta promocional da Rede Hoteleira, detalhando o início do projeto em João Pessoa.

Tais procedimentos despertaram o interesse da mídia em gerar matérias e reportagens sobre o trabalho e, assim, dois expressivos veículos de comunicação, o jornal *O Norte* e a revista *Nordeste*, abriram espaços para o projeto e sua fomentadora.

Os resultados alcançados foram bastante férteis, pois estimulou que a sociedade local atentasse para os aspectos extraordinários da arte e cultura indígenas na Paraíba. Permitiu ainda a produção de registros e formação de um livro digital com imagens inéditas, que foi distribuído aos principais jornalistas especializados em turismo no Brasil, autoridades do meio político, *trade* local e aos meios acadêmicos.

A abrangência dos resultados abriu espaço para um movimento em prol do reconhecimento da arte e da cultura indígenas potiguar aliado à viabilização de uma comissão para programar o Museu da Cultura Indígena. Provocou ainda a parceria com a UFPB – Universidade Federal da

Paraíba – para estudos e operacionalização de roteiros turísticos que valorizem essa cultura em toda a região.

Como reconhecimento público, a companhia recebeu, em outubro último, representada pelo seu então diretor-presidente Adenias Gonçalves Filho, o título de Cidadão Paraibano pela Assembléia Legislativa do Estado da Paraíba, devido ao compromisso de "Ser mais Brasil" ter sido obstinadamente defendido em sua gestão, visando a reverberação desses conceitos além das próprias dimensões do empreendimento hoteleiro local, ampliando suas fronteiras de formação de opinião pública.

Como outros indicadores do pleno desenvolvimento do projeto, podem ainda ser destacados o interesse em parcerias demonstrado por instituições acadêmicas de São Paulo, Rio Grande do Norte e outros estados da federação e o início de uma programação de palestras, eventos e ações voltadas para a narração do projeto, como referência de boas práticas.

Outro dado pesquisado e comprobatório dessa narrativa é a própria percepção interna da empresa. A Rede Tropical traduz explicitamente esse fato em seus materiais de comunicação (2008):

> ... que de forma muito especial foi avaliado o fortalecimento da imagem externa e interna do empreendimento paraibano, reconhecido através do congraçamento e comportamentos de cidadania corporativa entre funcionários, membros do corpo diretivo da Companhia, *trade* turístico e toda a sociedade.

Outro forte componente desta percepção interna diz respeito aos resultados imensuráveis de ordem comercial que continuarão a suceder os investimentos realizados.

Em abril passado, a rede foi agraciada com o prêmio TOP de Turismo da Associação dos Dirigentes de Vendas e Marketing do Brasil (ADVB) com o projeto. "Nosso propósito primordial é dar a quem trabalha pelo desenvolvimento do turismo no Brasil seu devido mérito", ressaltou o presidente da ADVB-SP, Miguel Ignatios, na solenidade de entrega da premiação.

Em 2009, a Tropical Hotels & Resorts Brasil prossegue o projeto "Tropical – Essência de Brasil", buscando sua expansão e estruturação interna para melhor "satisfazer, encantar e surpreender" o seu hóspede, além de "celebrar" com toda a sociedade.

Considerações finais

Em todos os momentos, a presença da marca da Tropical Hotels & Resorts Brasil se fez e se faz ainda mais presente na atualidade; esse fato demonstra que a glocalização, ou seja, a valorização das culturas locais no contexto dos serviços universais pode ser considerada um elo na geração de reconhecimentos especiais no âmbito cultural e – de forma muito expressiva – na valorização da imagem corporativa no cenário dos negócios.

Aliar ações de glocalização aos investimentos para divulgação institucional certamente evocará rendimentos de *branding* e consequentemente retornos financeiros, não só porque a divulgação cultural é de responsabilidade universal e perene, mas porque tem força para alavancar um destaque para marcas, nomes, ícones e corporações, todos frente aos mercados pretendidos.

Empresas que investem nessas direções são reconhecidas e admiradas por seus públicos e são elevadas ao *status* e prestígio que só o ambiente cultural pode oferecer, pois este atinge diretamente a esfera emocional dos seres humanos.

O pioneirismo da rede em posicionar-se por meio de uma gestão de empreender valorativamente, sem abdicar de seu enfoque comercial, confirma que o mundo dos negócios pode e deve ser regido pelo contexto da hospitalidade; afinal, todos nós fazemos parte de uma grande aldeia global, porém temos identidades locais que nos distinguem e encantam outros pares. Isso demonstra mais uma vez que a *dádiva* é impulsionadora de relacionamentos em que cada parte envolvida oferta o seu melhor e, em retribuição, ela recebe o melhor do outro, tornando-se um ciclo virtuoso que merece ser difundido plenamente não só em João Pessoa, mas também na Bahia, no Amazonas e certamente em outras praças que acolherem a premissa da Glocalização e, em especial, da Brasilidade.

Referências

BAUMAN, Z. *Globalização*: as consequências humanas. Rio de Janeiro: Jorge Zahar, 2000.

BECK, U. *O que é globalização? Equívocos do globalismo, respostas à globalização.* Rio de Janeiro: Paz e Terra, 1999.

CAMARGO, Luiz Octávio de Lima. *Hospitalidade.* São Paulo: Aleph, 2004. Coleção ABC do Turismo.

DENCKER, Ada de Freitas Maneti; BUENO, Marielys Siqueira. (Orgs.) *Hospitalidade*: cenários e oportunidades. São Paulo: Pioneira Thomson Learning, 2003.

DERRIDA, Jacques. *Anne Dufourmantelle convida Jacques Derrida a falar da hospitalidade*. Tradução Antonio Romane, revisão técnica Paulo Ottoni. São Paulo: Escrita, 2003.

DIAS, Célia Maria de Moraes. (Org.) *Hospitalidade*: reflexões e perspectivas. São Paulo: Manole, 2002.

FONTANELLE, Isleide A. *O nome da marca*: McDonald's, fetiche e cultura descartável. São Paulo: Boitempo Editorial, 2002.

GOBÉ, Marc. *A emoção das marcas*: conectando marca às pessoas. Tradução de Fulvio Lubisco. Rio de Janeiro: Campus, 2002.

GOTMAN, Anne. *Lê sens de l'hospitalité*. Paris: Presses Universitaires de France, 2001.

GODBOUT, Jacques T. *O espírito da dádiva*. Em colaboração com Alain Caillé. Rio de Janeiro: Editora Fundação Getúlio Vargas, 1999.

GODOLIER, Maurice. *O enigma do dom*. Tradução Eliana Aguiar. Rio de Janeiro: Civilização Brasileira, 2001.

HENDERSON, Hazel. *Além da globalização*: modelando uma economia global sustentável. São Paulo, Cultrix, 2004.

LACROIX, J. *A sociologia de Augusto Comte*. Rio de Janeiro: Vila do Príncipe, 2008.

LASHLEY, Conrad; MORRISON, Allison. (Orgs.) *Em busca da hospitalidade*: perspectivas para um mundo globalizado. Tradução de Carlos David Szlak. Barueri: Manole, 2004.

LIMA, Suzana Maria Valle. (Org.) *Mudança organizacional*: teoria e gestão. Rio de Janeiro: Editora FGV, 2003.

LOVELOCK, Christopher; Wright, Lauren. *Serviços*: marketing e gestão. Tradução Cid Knipel Moreira, revisão técnica Mauro Neves Garcia. São Paulo: Saraiva, 2004.

KELLER, Kevin Lane. *Gestão estratégica de marcas*. Tradução Arlete Simille Marques. São Paulo: Pearson Prentice Hall, 2005.

MARCONI, M.; PRESSOTTO, Z. *Antropologia*: uma introdução. São Paulo: Atlas, 1989.

MULLINS, Laurie J. *Gestão da hospitalidade e comportamento organizacional*. Tradução Vinicius Figueira. 4. ed. Porto Alegre: Bookman, 2004.

ROBERTSON, Roland. *Globalization*: social theory and global culture. Inglaterra: Sage publications, 1992.

TACHIZAWA, T. *Gestão ambiental e responsabilidade social corporativa*. São Paulo: Atlas, 2005.

TORQUATO, Gaudêncio. *Cultura, poder, comunicação e imagem*: fundamentos da nova empresa. São Paulo: Pioneira Thomson Learning, 2003.

TROPICAL HOTELS & RESORTS – BRASIL. *Essência e consciência*: Brasil Tropical Presente – TOP de Turismo ADVB. São Paulo, 2008.

Hotelaria sustentável na Rota do Charme: estudo sobre a Pousada Pinho Bravo na Serra da Mantiqueira-MG

LECY CIRILO

A prática de um turismo responsável reflete-se de forma direta na hospitalidade de destinos, espaços e empreendimentos. Isso significa respeito às pessoas, à diversidade cultural, à natureza e aos espaços já previamente ocupados por moradores e pessoas que acreditam que viver bem e em comunhão com a natureza é sinônimo de vida feliz.

As novas posturas empresariais de respeito ao meio ambiente e às comunidades se fazem presentes neste capítulo, a partir do estudo de um caso denominado Pousada Pinho Bravo. Por tratar-se de um empreendimento hoteleiro planejado para atender aos apelos ambientais e sociais, é avaliada a possibilidade de sua inserção futura nos critérios da Associação de Hotéis Roteiros de Charme, cujo charme é avaliado na perspectiva ambiental e de participação comunitária, dentre outros quesitos, além de seus valores e suas competências.

O turismo é uma atividade indutora de desenvolvimento e interpretada como atividade capaz de gerar empregos e renda e, muitas vezes, compreendê-lo em sua concepção é ir além de seu sentido de deslocamento, permanência e retorno ao local de origem. Trata-se de uma atividade que movimenta diferentes setores da economia e agrega valor a um incontável número de recursos naturais, culturais, patrimoniais e humanos e responde pela promoção da diversidade cultural e preservação da biodiversidade.

Pensar o turismo desta forma é validar o princípio constitucional contido no artigo 180 da Constituição Federal de 1988, que dispõe sobre a responsabilidade da União, dos Estados e Municípios em promover e incentivar o turismo como fator de desenvolvimento socioeconômico.

Com isso, pensar o estímulo do turismo em áreas ainda pouco desenvolvidas é pensar em ações planejadas adequadamente para que os impactos oriundos da prática dessa atividade sejam minimizados ou mitigados, de forma a atender as necessidades das comunidades desta e das futuras gerações. Assim, planejar empreendimentos hoteleiros que resultem em novos conceitos de empresa é estar à frente de preocupações ambientais e sociais que tenham por objetivo o processo participativo das comunidades locais.

Um olhar prudente sobre o turismo em áreas rurais

Com presença marcante nas áreas litorâneas, o turismo aos poucos foi se deslocando também para as áreas rurais e estas têm sido apontadas como o melhor espaço a oferecer a diversidade e as oportunidades de contato com a natureza e de busca pelas raízes e por experiências.

Até meados do século XVIII, a área rural apresentava-se como um território de importância primária, com maior concentração populacional se comparada ao meio urbano, o que representava, segundo Ponte (2004, p. 22), uma "significativa contribuição para a economia em termos produtivos". Porém, as áreas rurais sofreram transformações ao longo do tempo e sua realidade foi alterada pelo dinamismo e heterogeneidade das necessidades de sobrevivência das pessoas.

Com a Revolução Industrial, a área rural transformou-se no que Perez (2001 apud PONTE, 2004, p. 22) denomina de "espaço periférico, atrasado e residual" e à margem do que acontecia de novo no espaço urbano, que ganhou força e notoriedade por conta dos setores industriais que se instalavam nos aglomerados urbanos.

Com a perda de espaço para o moderno e o progresso presente nas áreas urbanas, tornou-se necessário criar novas oportunidades de trabalho e renda para conter o êxodo rural aos grandes centros e criar novas perspectivas de ganhos, elevando-se a estima das populações locais. E, neste contexto, o turismo desponta como uma atividade própria do setor terciário, e se desenvolve nas modalidades de turismo rural e turismo em áreas rurais, ambos prevalecendo-se do espaço rural como cenário, porém respeitando suas diversidades.

O turismo rural é definido pelo Ministério do Turismo como sendo "o conjunto de atividades turísticas desenvolvidas no meio rural, comprometido com a produção agropecuária, agregando valor a produtos e serviços, resgatando e provendo o patrimônio cultural e natural da comunidade". E o turismo em áreas rurais é definido pelo Instituto Brasileiro de Geografia e Estatística (IBGE, apud Ministério do Turismo, 2006, p. 48) como sendo "o espaço não urbano que abriga diversos empreendimentos turísticos que podem caracterizar vários tipos de segmentos de turismo". Além disso, pequenos aglomerados (sedes municipais, sedes distritais, vilas, povoados) considerados urbanos pelo IBGE têm a economia vinculada direta ou indiretamente à atividade agropecuária, inclusive as do setor secundário e terciário, dentre elas a turística, que por sua vez ocorre na área rural.

Independente da modalidade, o turismo busca o seu fundamento na existência da prática da atividade turística, na territorialidade, no fundamento econômico, nos recursos naturais e culturais existentes no local, além do caráter de afetividade encontrado nos lugares, caracterizando assim um dos lados da hospitalidade. E cada vez mais as pessoas buscam orientar seus olhares para esses lugares, como caracteriza Urry (1990, p. 18), "um olhar direcionado para aspectos da paisagem do campo e da cidade que o separam da experiência de todos os dias".

E é na fuga do que parece habitual nos lugares diferentes e na oportunidade de viver experiências que surgem pequenos empreendimentos hoteleiros, que estimulam essa fuga dos grandes aglomerados urbanos. Oferecem oportunidades de proximidade com a natureza, resgate de determinados valores e oportunidades de mostrar aos filhos parte do que pode ter representado a infância, valores da família, dos pais, dos avós, dos valores acolhidos pela terra, pelo interior e suas culturas.

No contexto de ruralidade aliado à ideia de economia local viva, surge a Pousada Pinho Bravo, um pequeno empreendimento hoteleiro com forte vínculo com as coisas da terra, com as produções locais, com a representatividade encontrada nas práticas sociais e de trabalho, na valorização dos trabalhos manuais, nos "causos", na gastronomia local, na preservação do meio ambiente, na autenticidade do ambiente rural e com a oferta de trabalho para as pessoas do lugar.

Pousada Pinho Bravo

Situada no bairro de Campo Verde, em Camanducaia, no sul do estado de Minas Gerais, a Pousada Pinho Bravo (Figura 1) está a 1.700 metros de altitude e tem como cenário a Serra da Mantiqueira.

Figura 1 Pousada Pinho Bravo – Serra da Mantiqueira

Foi constituída como um pequeno empreendimento hoteleiro por empreendedores, profissionais que buscaram na Serra da Mantiqueira a oportunidade de resgates emocionais com os valores da terra e de trabalhar a ideia de constituir arranjos produtivos locais, dar função à propriedade, contribuir de forma social com a oferta de trabalho para os recursos humanos e colocar em prática o conceito de economia local viva.

A região onde está situada a pousada possui forte apelo paisagístico, no entanto o turismo não é a atividade principal, pois há o predomínio de áreas de reflorestamento e da agricultura, tendo a batata sua maior representatividade. As pessoas que ali vivem têm o sustento vinculado a essas atividades, consideradas sazonais, o que pode representar uma ociosidade em determinadas épocas do ano. Neste caso, o turismo ainda incipiente pode ser visto como um complemento ou extensão da área rural que dá suporte à atividade turística desenvolvida em Monte Verde, Distrito de Camanducaia, no Sul de Minas Gerais.

O turismo compreendido pelos proprietários da Pousada Pinho Bravo é uma atividade que deve se desenvolver de forma equilibrada, em consonância com o meio ambiente e, acima de tudo, com respeito pelos valores e capacidades locais. Do ponto de vista dos proprietários da pousada, o conceito maior que envolve a ideia de implantação do que se denomina por economia local viva é proporcionar às pessoas do lugar maior participação no modelo de desenvolvimento, pois parte daquilo que podem e sabem produzir é aproveitado na pousada, seja como produtos alimentícios oferecidos aos hóspedes nas refeições, ou ainda como artesanato ou conhecimentos populares e valores culturais locais.

De igual forma, as pessoas envolvidas com os cuidados com a terra e com a construção civil em todas as obras já realizadas no empreendimento pertencem à região. Além disso, as pessoas que estão sendo preparadas e já exercem algum tipo de atividade no empreendimento, por exemplo, apoio aos serviços de alimentos e bebidas (A&B) e governança, também fazem parte da comunidade local. Uma prática constante dos proprietários da Pousada Pinho Bravo é a busca pelas competências nas pessoas, para que a prestação de serviços em hospitalidade eleve ainda mais o seu nível de qualidade e excelência, sem que se percam os atributos do lugar.

A Pousada Pinho Bravo, embora esteja inserida no meio rural e apresente identidade com este meio, não se enquadra na modalidade de Turismo Rural adotada pelas Diretrizes para o Desenvolvimento do Turismo Rural no Brasil, do Ministério do Turismo, que demonstram que tais práticas de turismo também são "capazes de gerar novos postos de trabalho e muitos outros benefícios e, de modo geral, podem contribuir para o desenvolvimento de outras atividades econômicas na região, entre elas o verdadeiro turismo rural".

No aspecto apontado nas Diretrizes para o Desenvolvimento do Turismo Rural, os empreendimentos turísticos constituídos em espaços rurais devem fazer parte da classificação dos prestadores de serviços turísticos e das associações de turismo rural, e constar nos guias turísticos com suas características explícitas para que sejam facilmente identificados pelos consumidores.

Um dos propósitos da Pousada Pinho Bravo é fazer parte de associações que levem em conta o meio ambiente no qual está inserido o empreendimento, além dos aspectos considerados relevantes de preservação do meio ambiente e dos valores sociais locais. E, para isso, este capítulo fará uso de partes de um estudo realizado por Santos, Senda,

Chiaverini e Chi (2009), como Trabalho de Conclusão de Curso (TCC)[1], cujos resultados visam a inserção futura da Pousada Pinho Bravo na Associação de Hotéis Roteiros de Charme, criada em 1992 e que, segundo Santos et al (2009, p. 26), tem o intuito de,

> Promover novos destinos turísticos brasileiros, com padrões de qualidade bem definidos, que atendessem às expectativas dos hóspedes e que promovessem, através da atividade hoteleira, a formação de uma comunidade profissionalmente mais capacitada e mais saudável, evitando seu êxodo para os grandes centros.

Uma análise do processo classificatório da Associação de Hotéis Roteiros de Charme

A Associação de Hotéis Roteiros de Charme, fundada em 1992, é uma organização sem fins lucrativos com o propósito de promover novos destinos turísticos com padrões de qualidade definidos, com alto valor agregado de atendimento às expectativas de seus hóspedes e aliados ao comprometimento de preservação da natureza e inserção da comunidade no processo participativo.

Em seu processo classificatório, a Associação utiliza as pedras preciosas e semipreciosas brasileiras (cristal, ametista, água-marinha, topázio e esmeralda) para avaliar hotéis, pousadas e refúgios ecológicos independentes que se distribuem pelo território brasileiro em áreas de ecossistemas frágeis como o Cerrado, a Mata Atlântica e o Pantanal.

O *cristal* é a classificação inicial atribuída a todos os empreendimentos no momento de seu ingresso na Associação; a *ametista* é destinada a classificar uma pousada ou refugio ecológico em que o serviço se apresenta como despretensioso e a decoração guarda identidade com a região; a *água-marinha* representa os hotéis e as pousadas confortáveis, cuja de-

---

[1] Trabalho de Conclusão de Curso realizado no curso de Administração com habilitação em Hotelaria, da Faculdade de Administração da Fundação Armando Álvares Penteado em dezembro de 2009, sob a orientação de Lecy Cirilo, intitulado: "Aplicabilidade dos conceitos de sustentabilidade da Associação de Hotéis Roteiros de Charme em um empreendimento Hoteleiro: estudo de caso: Pousada Pinho Bravo e sua inserção em seu processo classificatório".

coração, serviço singelo e capricho refletem os costumes locais; o *topázio* é reservado para hotel ou pousada classificado como muito confortável, bem equipado, aconchegante, com serviços esmerados, estilo e decoração requintados; a *esmeralda* destina-se ao hotel aconchegante ou à pousada com conforto, cujas instalações e serviços atendam aos padrões de exigência da tradicional hotelaria internacional.

Uma das exigências da Associação de Hotéis Roteiros de Charme para que um empreendimento hoteleiro a ela se associe é ter "charme", ou seja, o empreendimento hoteleiro deve possuir um clima aconchegante e acolhedor. E, segundo o Guia Roteiros de Charme (2009, p. 9 apud SANTOS et al 2009, p. 26), "Hotéis, Pousadas e Refúgios Ecológicos são aconchegantes, confortáveis e bem mantidos, refletindo com seus ambientes e serviços o caráter da região onde se encontram".

Para entender a palavra *charme*, o Dicionário Aurélio (2001, p. 455) o define como "atração, encantamento, sedução, simpatia". E, para a Associação, charme é identificá-lo com o padrão de serviços e cuidados de preservação do meio ambiente e assim o define como sendo "um conjunto de fatores que personalizam o hotel, como bom gosto, detalhes, paixão de servir, conforto compatível com expectativas dos hóspedes, localização privilegiada e construção adequada ao meio ambiente e à região."

Mas não é somente o charme que responde pela classificação ou inserção de um associado. É necessário que os empreendimentos hoteleiros desenvolvam atendimentos especiais aos hóspedes, mantenham cuidados com a preservação do meio ambiente na propriedade e do seu entorno e tenham comprometimento social de seus proprietários e administradores para com seus colaboradores e todos que deles dependam; ainda, que estejam sob a mesma administração no mínimo por dois anos, como forma de preservação da cultura organizacional e manutenção dos padrões de serviços, que estejam localizados de preferência em lugares de interesse turístico, histórico ou ecológico, e possuam no mínimo 10 e no máximo 60 unidades habitacionais (UH's). Salvo exceção, o empreendimento poderá ter número inferior, desde que aprovado por unanimidade pela Diretoria da Associação de Hotéis Roteiros de Charme.

O empreendimento receberá uma visita anônima, ao estilo "cliente oculto", de um dos diretores da Associação e, se este aprová-lo, o empreendimento será comunicado sobre os princípios exigidos para associar-se e convidado a conhecer o regulamento e o estatuto da Associação. Uma das exigências para ingresso é o pagamento pelo empreendimento candidato dos "Direitos de Entrada" e, segundo Santos et al (2009, p. 32), "os valores permanecem praticamente inalterados desde sua fundação em 1992, com intuito de não onerar desnecessariamente os associados". Porém, os valores não são divulgados.

Anualmente, os critérios exigidos pela Associação de Hotéis Roteiro de Charme são avaliados no que diz respeito à qualidade dos serviços hoteleiros, infraestrutura e meio ambiente e cada item é validado por um diretor responsável, e com conhecimento técnico-específico de acordo com sua área de atuação.

A opinião dos hóspedes é levada em conta pela Associação como parte do processo de reavaliação do empreendimento. Os hóspedes são denominados, segundo Santos et al (2009, p. 34), "roteiristas"[2]. E, neste contexto, a Pousada Pinho Bravo, na condição de empreendimento hoteleiro em sua primeira fase de operação, foi avaliada como estudo de caso para elaboração do Trabalho de Conclusão de Curso (TCC) e por considerar sua intenção futura de inserção no processo classificatório da Associação de Hotéis Roteiros de Charme.

Pousada Pinho Bravo na Rota do Charme

Em 2010, a Pousada Pinho Bravo se apresenta como um pequeno empreendimento hoteleiro em sua primeira fase de operação, localizada em área de grande biodiversidade e *habitat* de espécies raras de fauna e flora. Sua concepção se dá pela valorização dos patrimônios cultural e natural e pelo resgate das tradições e manifestações culturais locais que são ferramentas importantes para a prática de um turismo responsável.

A ideia do empreendimento surgiu em 2007, com a aquisição de uma área de 20 mil metros quadrados localizada a 1.700 metros de altitude, com visual privilegiado da Serra da Mantiqueira. A partir desse momento, o plano do empreendimento passou a levar em conta cuidados ambientais, respeito às características locais e inserção da comunidade local no processo participativo de desenvolvimento da atividade turística local, incipiente até então.

---

2 Termo utilizado pela Associação de Hotéis Roteiros de Charme para designar tanto seus empreendimentos associados como seus hóspedes. (SANTOS et al, 2009, p. 34).

As áreas construtivas são planejadas de forma cuidadosa, para que haja maior aproveitamento da luz natural e possibilitar maior visibilidade do ambiente natural. Para o aquecimento dos ambientes, dos chalés e das áreas sociais, são utilizadas lareiras, e as salamandras de ferro fundido que utilizam lenhas oriundas de áreas de reflorestamento, além de conferir um clima de simplicidade e aconchego aos ambientes, são dotadas de serpentinas para aquecimento da água que serve as torneiras das pias do banheiro, cozinha, lavanderia e chuveiros, reduzindo com isso o consumo de energia, incrementado por coletor de energia solar já instalado nos chalés.

Figura 2 Lareira – Chalé Inverno

Fontes alternativas de energia, como eólica e solar, têm sua utilização pensada no empreendimento sempre que possível, como já ocorre com a energia solar nas unidades construídas.

O lixo é separado e a parte orgânica é destinada à compostagem para posterior utilização na forma de adubo nas áreas de jardim e mini-hortas de temperos, que são utilizados na própria Pousada e oferecidos aos vizinhos e hóspedes.

Figura 3 Salamandra de ferro fundido – Chalé Outono

Lecy Cirilo

A participação comunitária no empreendimento está presente desde o momento da aquisição do terreno, em julho de 2007, na construção civil, passando desde os profissionais responsáveis pela obra assim como pelo fornecimento de material de construção. Além do envolvimento deles na parte operacional hoteleira, quando são oferecidos os serviços de café da manhã, jantar, lavanderia, rouparia, banheiros, oficina e recepção aos hóspedes, inclusive em todo o paisagismo da pousada. O uso do artesanato e adereços de mobília nos ambientes internos das UH's e nos espaços sociais e de convívio está representado pelas cestas, luminárias e bancos com trançados em palha de milho, presépios em cascas de árvores ou por atividades culturais como Coral e Orquestra Vozes do Campo.

O projeto da pousada prevê a ampliação do número de chalés, das áreas sociais, restaurante, sala de jogos e projeções, piscina climatizada e "espaço de bem-estar", construído em meio ao bosque de araucárias, onde os hóspedes poderão desfrutar de momentos de relaxamento com produtos naturais, óleos e ervas aromáticas.

Há previsão do emprego de tecnologias de captação e armazenamento de água de chuva, que será utilizada em pontos de consumo nos quais não se exija a potabilidade, como nos vasos sanitários, na jardinagem e lavagem de áreas externas. O projeto ainda prevê a circulação dessa água por gravidade, dispensando a automação, uma vez que o relevo do terreno permite tais condições.

Nas concepções de Santos et al (2009, p. 39), a

> Pousada Pinho Bravo se enquadra nos critérios exigidos pelo Código de Ética e Conduta Ambiental da Associação de Hotéis Roteiros de Charme, especificamente no que diz respeito a seu capítulo 1 sobre implementação. Os itens 1.7 e 1.10 citam respectivamente: 'Identificar e reduzir o impacto ambiental no planejamento de novos projetos e construções, visando a preservação do cenário, fauna, flora e cultura locais' e 'respeitar os locais e objetos religiosos e históricos, a população local, sua história, tradição e cultura'.

Além disso, um dos princípios da Associação de Hotéis Roteiros de Charme é o respeito à natureza e a adoção de procedimentos que não agridam o meio ambiente, e isso somente poderá ocorrer em comunidades em que haja educação, higiene e saúde. E, neste ponto, o bairro de Campo Verde, onde a Pousada Pinho Bravo está localizada, é exemplo de conduta ambiental para outros bairros e até mesmo para centros urbanos. Tudo isso veio a partir de ações simples de alguns líderes informais do bairro de Campo Verde, aliadas às ações de conscientização e educação ambiental propagadas aos alunos da Escola Araucária e para todos os que vivem e visitam o bairro (Figura 4).

Figura 4 Placa de consciência ambiental

Ao considerar os elementos exigidos pela Associação de Hotéis Roteiros de Charme e os quesitos da Pousada Pinho Bravo envolvidos em seu processo construtivo e operacional, aliados às práticas ambientais, foi observado por Santos et al (2009, p.39) "que há convergência de visões entre ambas em relação à valorização do conceito sustentável". E, por estar no início de operações de sua primeira fase, é possível que todos os conceitos exigidos pela Associação sejam observados e que todas as exigências ambientais, em especial o uso de tecnologias limpas, sejam implantadas de forma a contemplar o respeito ao meio ambiente exigido.

A Pousada Pinho Bravo vai além das exigências do processo associativo, pois suas ações já implantadas aliadas à visão ambiental e ao conceito de economia local viva já incorporados no empreendimento desde seu início de forma espontânea, retratam a convicção de seus proprietários quanto ao respeito ao meio ambiente e aos valores comunitários locais.

Embora o empreendimento esteja em sua primeira fase, em 2010 ele espera alcançar a marca de cinco chalés, porém, mesmo assim, não atingirá o mínimo necessário exigido pelo processo classificatório da Associação de Hotéis Roteiro de Charme. Entretanto, dentro das boas práticas já existentes no empreendimento, segundo Santos et al (2009, p. 43) a Pousada Pinho Bravo "se enquadraria na classificação *água marinha* por valorizar as características locais da região através da utilização da decoração e mão de obra local".

Considerações finais

O pensar em desenvolvimento equilibrado da atividade turística e na aplicabilidade do conceito de economia local viva coloca a Pousada Pinho Bravo em condições competitivas para atender àqueles que buscam um lugar diferente, capaz de promover o bem-estar com bom gosto e simplicidade.

Ao mesmo tempo em que insere as pessoas do lugar no processo participativo, amplia a cadeia produtiva e faz questão que seus hóspedes conheçam outros estabelecimentos que deem suporte às suas atividades. E isso faz a diferença para a região, pois o turismo praticado em áreas rurais tem o valor inserido em si mesmo.

Independente de ainda não poder fazer parte da Associação de Hotéis Roteiro de Charme, a Pousada Pinho Bravo sempre buscará ampliar seus cuidados ambientais e sua qualidade na prestação de serviços hoteleiros, por se tratar de objetivos primordiais de seus proprietários, o que a destaca com muito charme.

Seus valores estão concentrados no respeito ao meio ambiente e à prática de um turismo equilibrado, regidos pelos princípios de economia local viva que evidenciam os atributos locais de forma participativa. Fazem parte destes valores a coesão social, a cooperação entre os pares e o reconhecimento dos saberes locais que se relacionam com a natureza como elemento capaz de dar o sustento.

Referências

BRASIL. *Constituição da República Federativa do Brasil*. Distrito Federal, 1988.

FERREIRA, Aurélio Buarque de Holanda. *Novo Dicionário da Língua Portuguesa, Século XXI*. Rio de Janeiro: Ed. Nova Fronteira, 1999.

PONTE, Karina Furini da. "(Re) Pensando o conceito do rural", *Revist Nera*, ano 7, n. 4, janeiro-julho de 2004.

SANTOS, Deuzimar et al. *Aplicabilidade dos conceitos de sustentabilidade da Associação de Hotéis Roteiros de Charme em um empreendimento hoteleiro, estudo de caso:* Pousada Pinho Bravo e sua inserção em seu processo classificatório. Trabalho de Conclusão de Curso do curso de Administração com habilitação em Hotelaria da Fundação Armando Álvares Penteado – FAAP. São Paulo, 2009.

URRY, John. *O olhar do turista*. São Paulo: Studio Nobel, 1990.

Identidade profissional na geração de negócios em alimentos e bebidas

RARAMIZ E. BITTENCOURT

"Viver é como andar de bicicleta: é preciso estar em constante movimento para manter o equilíbrio".
ALBERT EINSTEIN

O **presente** capítulo nos remete à antiga reflexão quanto à importância da contratação e manutenção de profissionais bem preparados para desenvolver suas atividades profissionais no universo da gastronomia, com a intenção de viabilizar fatores positivos na captação e manutenção de clientes nos mais variados empreendimentos, assim como a determinação dos proprietários e gerentes quanto à consciência dos profissionais da linha de frente.

Há mais de duas décadas, quando iniciei nesta área, o trabalho em restaurantes se dava de maneira empírica, uma vez que, por tradição, muitos cozinheiros e garçons ingressavam na profissão seguindo orientações familiares ou como simples ajudantes que, aos poucos, aprendiam o ofício pelas mãos de seus superiores; os proprietários, por sua vez, ingressavam neste ramo de atividade na expectativa de ganhos fáceis e com pouca ou nenhuma experiência neste tipo de negócio. Podemos decerto considerar que os tempos eram outros; o custo referente à matéria-prima representava um peso menor no pacote administrativo de quaisquer empreendimentos afins, desde que não fosse importada, o que consequentemente permitia um lucro maior, como se pode verificar em uma pesquisa realizada pela revista Veja SP em 2004: os custos com matéria-prima e salários já representavam, em média, 58% do valor de um prato. Em linhas gerais, é possível dizer que, em outras épocas, era mais fácil ganhar dinheiro neste ramo de atividade.

O restaurante e o cliente

O restaurante divide-se em diversos setores, porém os grandes pilares são a área de atendimento, denominada salão, e a área de produção, denominada cozinha. Devemos identificar, portanto, a pessoa do *maître*[1] e o *chef*[2] de cozinha como responsáveis pelos respectivos setores, não nos esquecendo ainda da importância do *sommelier*[3] e dos demais envolvidos na escala hierárquica dessas atividades, como cozinheiros, garçons, *commis*[4], *hostess*[5], entre outros.

São incontáveis os motivos que levam as pessoas a um restaurante, mas *alimentos, bebidas e serviços* estarão contidos nesses motivos; na opinião de Traldi (2000), as pessoas podem buscar um restaurante pelos seguintes motivos: status, ambiente, clima, cardápio, curiosidade, preço, *chef* de cozinha, estilo de serviço, entre outros. Dentre todos os aspectos e possibilidades, é muito oportuno lembrar que a velocidade no atendimento deve fazer parte do rol de atributos nesta área. Costuma-se usar na sociedade moderna o jargão "tempo é dinheiro", e tal preceito se faz presente no cotidiano das pessoas, uma vez que é possível perceber boa parte dos clientes de estabelecimentos de alimentos e bebidas procurando por rapidez no atendimento a qualquer hora do dia.

Hoje é notória a necessidade de se empregar profissionais com maior grau de especialização e de conhecimento na área, em virtude da vasta gama de produtos que esses profissionais devem conhecer e saber utilizar no preparo de receitas e da necessidade de atender e orientar os clientes na escolha por meio de um cardápio que deve ser muito bem planejado, redigido e apresentado.

O fato de um restaurante necessitar cada vez mais de profissionais capacitados e com perfeito domínio de suas atividades e do seu discurso no trabalho define claramente seu perfil, que deve ser de competência e criatividade, a ponto de cativar os mais variados e exigentes clientes, que procuram um restaurante não somente pelo estabelecimento, mas pelo chefe de cozinha que comanda o local, pela equipe de sala e sua formação.

---

1 Responsável pelo salão de refeições
2 Terminologia hoje empregada para designar o responsável pela cozinha
3 Responsável pelo serviço de vinhos
4 Ajudante do garçom
5 Recepcionista

Quanto à gerência, o proprietário deve administrar onde os fatos acontecem, considerando que, quando da abertura das portas aos clientes, ele também deve se fazer o mais presente possível.

Sistemas informatizados, a exemplo do sistema de comanda eletrônica, podem ser uma boa opção para se agilizar o atendimento no salão e maximizar a velocidade da chegada dos pedidos aos respectivos setores de produção, sem risco de falhas ou atraso em sua entrega, o que é passível de ocorrer.

Mas e a "atenção da equipe de sala?"– uma reclamação com a qual constantemente me deparo em discussões em sala de aula e a respeito da qual muitos colegas me questionam. Já ouvi muitas frases do tipo – "O lugar é ótimo, mas o atendimento..." Responder a essa colocação pode ser difícil, mas a falta de entrosamento e treinamento das equipes é perceptível em muitos estabelecimentos, seja em função de um novo cardápio, do desconhecimento do conteúdo de um cardápio já existente ou da falta de produtos que constam no cardápio; além da postura no atendimento ao cliente, troca ou atraso de um ou mais pedidos da mesma mesa, inflexibilidade quanto a aspectos de uma solicitação específica por parte do cliente. Muito ainda há para se fazer e pesquisar para que a prestação de serviços neste ramo de atividade chegue à excelência, mas os profissionais envolvidos no processo devem ser permanentemente alertados e lembrados da importância de sua identidade profissional e da sua participação na geração de negócios em suas respectivas empresas de alimentos e bebidas.

Aspectos educacionais

É possível observar que muitos *chefs* de cozinha, cozinheiros, *maîtres* e garçons iniciaram suas carreiras com experiências adquiridas ao longo de seu trabalho diário, com a prática operacional no seu dia a dia, ficando claro o esforço para alcançar cargos que exijam mais habilidades e até mesmo a educação formal, pois muitos possuem apenas níveis básicos de ensino.

Até 1965 a única forma de se tornar *chef* de cozinha no Brasil era por meio da formação no próprio trabalho. A partir de então, com o decreto número 44864, de 28 de maio de 1965, o Governo do Estado de São Paulo, através de sua Secretaria de Turismo, "reconhece a validade do certificado de habilitação profissional do curso de cozinheiro". Passa a existir, então, a possibilidade de formação básica de cozinheiro através da educação profissionalizante. Essa formação evoluiu ao longo das últimas décadas para cursos de formação específica em gastronomia.

Atualmente, pesquisadores de diversas áreas de conhecimento, como antropologia, psicologia, sociologia e ciências da computação, estão se dedicando a explorar o desenvolvimento da ação e do pensamento humanos em situações práticas (ROGOFF, 1984). Pesquisar a prática diária destes profissionais em ação em um restaurante ou demais estabelecimentos de alimentos e bebidas nos remete à premissa de que é impossível analisar a prática fora da realidade social e material da atividade humana.

O chef e Maître *como aprendizes e transmissores de conhecimento?*

Assim, começamos a analisar as formas cambiantes de participação e a identidade de pessoas que se engajam em firme participação numa comunidade prática, desde sua entrada como novato, passando por diversas etapas, até tornar-se um veterano em relação aos novatos, e até que esses novatos tornam-se veteranos (LAVE e WENGER, 2002).

O saber no universo gastronômico orquestra simultaneamente uso e procura, permitindo um conhecimento adaptado à particularidade da situação de maneira concreta. O saber é a forma de conhecer mais informalizada, intuitiva e tácita e, por isso, é a que mais ocorre no cotidiano (LAVE, 1988, LAVE e CHAIKLIN, 1993).

A palavra gastronomia está em evidência há pouco tempo no Brasil, mas qual o perfil profissional que torna esta palavra tangível?

Num momento de grande destaque da gastronomia nacional, devem ser observados os perfis dos profissionais que comandam as mais variadas cozinhas e salas de refeições, além de seus gerentes e proprietários. Quais as características da sua formação, num momento de evidência dessas profissões, alicerçada por diversos cursos profissionalizantes e superiores que estão sendo apresentados nas mais variadas escolas do país?

Alimento, história e profissão

Datadas do segundo milênio a.C., as mais antigas receitas de que se tem notícia são mesopotâmicas. Motivos simples talvez tenham levado o povo daquela região a escrever suas receitas, mas não podemos afirmar que ele inventou a arte culinária.

Acredita-se que a hospitalidade, a função social e a religiosidade diferenciem o homem enquanto ser racional e, neste contexto, a gastronomia apresenta-se talvez como agente catalisador.

Com a domesticação dos animais, o cultivo de grãos e o aparecimento da cerâmica em diversas culturas entre 10.000 e 6.000 a.C., as técnicas de preparo dos alimentos tornaram-se mais fáceis e diversificadas. Os mesopotâmicos ocuparam-se do plantio de grãos, figos e tâmaras, além da domesticação de animais como carneiros e cabras (FLANDRIN, MONTANARI, 1998).

Segundo Franco (1986), na Roma antiga, assim como na Grécia, inicialmente não havia o ofício de cozinheiro. Havia, sim, padeiros, uma vez que cozinhar era considerado um processo rudimentar que não exigia especialista, bem diferente da arte da panificação tão conceituada na época. Franco (1986) ressalta ainda que os primeiros banquetes romanos preparados pelas mãos de cozinheiros são datados de 576 a.C.

Para assumir uma posição de comando num restaurante, o profissional deve possuir conhecimentos específicos muitas vezes adquiridos exclusivamente no aprendizado prático, desconsiderando-se, em função de inúmeras razões, o embasamento teórico; razões estas que devem também ser pesquisadas.

Atualmente é possível observar diversos temas direcionados à gestão do conhecimento nas organizações, nos quais se destacam autores como Jean Lave, Barbara Rogoff e Sylvia Scribner, entre outros. Para tanto, é conveniente lembrar de uma frase dita por um dos mais renomados *chefs* de cozinha que já existiu, George Auguste Escoffier. Segundo ele, em entrevista à *Home Chat*, revista inglesa, na edição de 22 de março de 1902, "um cozinheiro, mesmo sendo capaz e experiente, não possui necessariamente as mesmas características de um *chef* de cozinha, que é um artista e administrador".

Diante da afirmativa de Escoffier podemos refletir sobre Rogoff, que considera que as habilidades cognitivas, reveladas em situações concretas, não seriam isomórficas, ou seja, o indivíduo teria um arsenal de soluções possíveis para atividades similares. As atividades práticas se desenvolveriam, portanto, a partir de uma interação dinâmica do agente com o contexto em que se realiza a atividade, o que o levaria a lançar mão de seu conhecimento tácito, em vez da aplicação sistemática de conhecimentos explícitos na solução de problemas (ROGOFF, 1984).

Hoje, a cozinha profissional passa por significativas transformações, tanto em sua estrutura operacional quanto na física, obrigando os profissionais que nela trabalham a se adequar a tais situações. São situações novas a cada pedido de um novo cliente, porcionamento de pratos e a própria questão da criatividade, estando em jogo novos produtos, equipamentos e utensílios para agradar e cativar os mais variados paladares de clientes cada vez mais exigentes.

Identidade profissional e a área de alimentos e bebidas

Aqui, convém relembrar e afirmar que alimentos, bebidas e serviços são a base da gastronomia e os profissionais atuantes nesses segmentos devem estar envolvidos nos processos, compreendendo e interpretando as expectativas de seus clientes, seja no preparo de pratos, *drinks*[6] e coquetéis ou até mesmo em sua *mise-en-place*[7].

A gestão de qualquer negócio de alimentos e bebidas está necessariamente relacionada ao desenvolvimento de atividades que envolvem pessoas – seja internamente no caso da cozinha ou diretamente frente ao cliente – e é justamente neste ponto que devemos questionar a identidade profissional.

Para Ligia Fascioni, a identidade profissional é o conjunto de atributos que torna um profissional único, especial. Deve-se buscar descobrir que atributos são esses e valorizá-los, enfatizando-os como um diferencial. Identidade é o que o profissional é, não o que ele gostaria de ser.

Ainda de sua autoria, no artigo datado de 11 de junho de 2008, ela argumenta:

> A identidade de uma empresa é seu DNA. Isso quer dizer que o conjunto de características que a tornam única e especial já nasce com ela, é congênito. Então, será que isso significa que a identidade da empresa é igualzinha à do seu dono ou fundador?
>
> Vamos pensar: uma empresa é uma entidade muito diversa de um ser humano. Ela é formada por pessoas, cujo número varia com o tempo. Uma empresa pode começar com apenas um proprietário ou com mais de 10 mil colaboradores (quando é fruto de uma fusão ou aquisição, por exemplo). Ela

---

6 Produzidos e diferenciados conforme os ingredientes, dosagens, temperaturas, método de preparação e utensílios utilizados.

7 Preparação prévia à abertura do restaurante para o cliente da sala de refeições.

pode continuar por anos com um ou dois funcionários ou multiplicar várias vezes seu corpo original.

Já uma pessoa tem sua própria essência e sua maneira toda única de se comportar profissionalmente. Mesmo relaxada na vida pessoal, ela pode ser muito exigente como empresária. Outros atributos (em geral, a maioria) permeiam tanto a sua vida pessoal quanto a profissional. Mas como separar uma coisa da outra? Será que elas precisam mesmo ser separadas? (...).

Neste contexto, é importante questionar, sobretudo quanto à consciência dos profissionais envolvidos, se eles estão cientes da importância de seu papel para o sucesso da empresa, bem como a segurança de seu cargo nela. Poucos têm a noção de que, se a empresa passa por dificuldades, "esse", "aquele" ou "ele mesmo" será marcado pelo próximo corte. Talvez por imaturidade administrativa ou simples falta de conhecimento, o gerente ou proprietário não considerou a vital importância do envolvimento do capital humano no processo do preparo das diversas produções ou dos serviços prestados no restaurante.

O aspecto do atendimento, porém, não é apenas um problema no Brasil, pois alguns artigos citam restaurantes no exterior com problemas próximos aos nossos: "são ótimos em tudo, mas falham no atendimento". Hoje, em nosso país, podemos afirmar que a qualidade dos alimentos e bebidas é muito superior que há duas décadas pelo desenvolvimento de novas técnicas agrícolas, genéticas e bioquímicas. Enfim, o tempo permitiu um novo patamar na qualidade destes produtos, mas e o elemento humano? O que podemos dizer quanto ao aspecto do serviço? Houve uma evolução equivalente? De que adianta *chefs* de cozinha mestres em sua arte permeados por atendimentos falhos no salão, ou atendimento sublime e demora nas produções culinárias?

Os motivos que levam as pessoas a entrar no ramo de alimentação podem ser infinitos, incluindo o sonho de se inserir neste ramo de negócio, sem um profundo conhecimento da atividade e seus riscos. Entre as respostas à pergunta "por que abrir um restaurante?" sempre estará o objetivo de lucro, mas, conforme afirmam Chon e Sparrowe (2003), este objetivo é permeado de riscos na geração de negócios de alimentos e bebidas:

> Ter um restaurante é um sonho compartilhado por muitos. Mas o ramo dos restaurantes é extremamente competitivo. Cerca de metade dos restaurantes independentes vai à falência em seu primeiro ano de operação, e 85% fecham

em menos de 5 anos. A maior parte dos restaurantes corresponde a pequenos empreendimentos cuja receita anual é inferior a US$ 500 mil.

Walker e Lundberg (2003) vão além, listando de maneira até certo ponto divertida, mas muito pertinente, dez situações em particular para não se abrir um restaurante, a não ser que você:

1. Tenha experiência no ramo de restaurantes, especialmente no segmento que pretende operar,
2. Não se aborreça se perder suas noites e ter longos finais de semana – sem falar das manhãs e tardes.
3. Seja capaz de aceitar o risco pessoal. Possuir dinheiro para perder – epa, quer dizer, capital para começar um negócio de alto risco.
4. Tenha um conceito em mente e menus elaborados.
5. Tenha concluído um projeto comercial detalhado.
6. Tenha vários objetivos pessoais e familiares estabelecidos para os próximos anos.
7. Tenha a paciência de um santo e duas glândulas tireoides ativas!
8. Tenha identificado uma demanda significativa no mercado, em relação ao tipo de restaurante que você deseja abrir.
9. Tenha um bom plano de saída – o ramo de restaurantes é fácil de entrar, mas muito caro para sair.
10. Possa pagar um advogado e um contador experiente em negócios de restaurantes.

A geração de negócios em alimentos e bebidas está diretamente relacionada ao perfeito desenvolvimento das atividades que vão ao encontro das expectativas dos clientes. O ramo de alimentação é subjetivo, desde a estrutura física à operação do estabelecimento; aquilo que pode ser agradável aos olhos e ao paladar do proprietário, ou daquele que decide no empreendimento, pode não estar de acordo com os anseios da clientela, ou de sua grande maioria, considerando-se, sobretudo, o fato de que não se consegue satisfazer a todos os clientes, mas se procura ao menos satisfazer boa parte deles.

Um simples modo de se apresentar e servir um prato, uma cadeira desconfortável, uma iluminação indesejável, a exemplo da mania nacional de se instalar lâmpadas fluorescentes em ambientes de refeições (à exceção de restaurantes de coletividades[8]) podem incomodar um determinado grupo de pessoas e não combinar com muitos projetos arquitetônicos.

A busca pelo cliente é eterna em qualquer ramo de atividade, e fazer com que o cliente saiba da existência de um determinado restaurante, conseguir que ele venha ao local para conhecer seus produtos e serviços, goste o suficiente a ponto de retornar e divulgar seu nome para outros não é tarefa fácil, sendo até certo ponto dispendiosa.

Conseguir que um estabelecimento de alimentos e bebidas se consolide logo após a sua abertura é a expectativa de qualquer proprietário, mas muitas vezes é possível perceber a "casa cheia e a equipe perdida" – como isso foi acontecer? Faltou treinamento, faltou pessoal, faltou supervisão, faltou coerção? Enfim, talvez parte das perguntas não tenha respostas, mas o fato é que os potenciais clientes provavelmente nunca mais voltarão.

Para auxiliar aqueles que acabam se defrontando com certos problemas, Meyer (2007), hoje considerado por muitos o rei da gastronomia de Nova York, nos ajuda com o que chama de "As cinco regras para enfrentar os erros de modo eficaz":

1. **Tomar consciência** Muitos erros não são corrigidos porque ninguém sabe que eles aconteceram. Se você não tomou consciência, você está perdido.

2. **Reconhecer** "Nosso atendente teve um acidente e já estamos preparando um novo prato, o mais rápido possível".

3. **Desculpar-se** "Lamento muito que isto tenha acontecido." No entanto, álibis não fazem parte das regras. Não é apropriado ou útil dar justificativas ("Estamos com falta de pessoal").

4. **Agir** "Por favor, experimente isto por enquanto. Traremos um novo prato com seu pedido em minutos." Diga o que você está fazendo para consertar o erro, e siga em frente.

5. **Generosidade adicional** A menos que o erro tenha alguma coisa a ver com demora, instruo meu pessoal a servir alguma coisa adicional (uma sobremesa ou um vinho de sobremesa gratuitos) para agradecer

---

8 Restaurantes localizados dentro de uma empresa que servem refeições exclusivamente aos seus funcionários.

ao cliente por ele ter tido esportiva. Alguns erros mais graves merecem um prato ou uma refeição gratuita.

Gerir um restaurante e gerar negócios a partir dos clientes é uma constante no dia a dia da empresa. Podemos afirmar que, para cada cliente que ingressa no estabelecimento, um novo negócio será gerado, considerando que um alimento, uma bebida e um atendimento/serviço nunca será igual ao outro, mas a semelhança deve se dar pela padronização dos serviços prestados na busca da excelência nesta atividade milenar.

Tenho certeza de que muitos dos leitores já ouviram a máxima que diz que tão importantes quanto os clientes em uma organização são seus funcionários[9], assim sua capacitação, entendimento e envolvimento com as atribuições e atividades do dia a dia devem estar alinhadas com a essência do negócio em alimentos e bebidas que representam junto ao cliente.

Referências

CIAMPA, Antonio. *Identidade e psicologia social:* o homem em movimento. São Paulo: Brasiliense, 1994.

CHON, Kye-Sung (kaye); SPARROWE, Raymond T. *Hospitalidade:* conceitos e aplicações. São Paulo: Thomson, 2003.

DORNENBURG, Andrew, PAGE, Karen. *Becoming a chef.* Nova York: Van Nostrand Reinhold, 1995.

FASCIONI, Ligia, *Quem sua empresa pensa que é?* Rio de Janeiro: Ciência Moderna, 2006.

FLANDRIN, Jean; MONTANARI, Massimo. *História da alimentação.* São Paulo: Estação Liberdade, 1998.

FONSECA, Marcelo Traldi. *Tecnologias gerenciais de restaurantes.* São Paulo: Ed. SENAC SP, 2000.

FRANCO, A. *Gastronomia:* uma breve história ilustrada. Rio de Janeiro: Guanabara, 1986.

LAVE, Jean. *La cognición en la práctica.* Barcelona: Paidós, 1988.

LAVE, Jean; CHAIKLIN, Seth. *Understanding practice.* Cambridge: University Press, 1993.

LAVE, Jean; WENGER Etienne. "Prática, pessoa, mundo social", In: DANIELS, Harry (Org.). *Uma introdução a Vygotsky.* São Paulo: Loyola, 2002.

---

9 Hoje, em muitas empresas, denominados colaboradores, em função da política interna.

MARICATO, Percival. *Como montar e administrar bares e restaurantes*. São Paulo: TQC, 1997.

MEYERS, Danny. *Hospitalidade e negócios*. São Paulo: Novo Conceito, 2007.

ROGOFF, Barbara. "Introduction: thinking and learning in social context", In: ROGOFF, B.; LAVE, J. (eds.) *Everiday cognition:* its development in social context. Cambridge: Harvard University Press, 1984.

SLOAN, Donald. *Gastronomia, restaurantes e comportamento do consumidor*. São Paulo: Manole, 2005.

WALKER, John; LUNDBERG, Donald. *O restaurante:* conceito e operação. Porto Alegre: Bookman, 2003.

WALKER, John e R. *Introdução à hospitalidade*. São Paulo: Manole, 2002.

Publicação periódica:

REVISTA VEJA São Paulo. São Paulo: Editora Abril, 10 de março de 2004.

Endereços eletrônicos:

http://www.brasilprofissoes.com.br (acessado em 20 mar. 2010)
http://www.mundodomarketing.com.br (acessado em 01 mar. 2010)
http://www.ligiafascioni.com.br (acessado em 15 mar. 2010)

Alimento – prática cultural e hospitalidade que segmenta mercados

OSLEY JOSÉ VIARO

O alimento inserido na abordagem turística tem sua importância na arte de viajar e de influenciar e segmentar mercados no mundo inteiro.

Alimento e prática cultural – uma abordagem turística

A necessidade fisiológica da alimentação nos remete à própria condição humana e, dentro de uma perspectiva histórica, podemos observar o desenvolvimento de hábitos e práticas alimentares que são exemplos de produção cultural.

É inegável que a gastronomia faz parte da cultura de um povo (ZARVOS, 2000).

O ato de alimentar-se pode ser fisiológico, mas a busca do paladar e a constante procura por novos e instigantes sabores rendem à história episódios memoráveis, tais como a necessidade de se encontrar um caminho marítimo para as Índias na Europa do século XVI, que resultou na descoberta de novas terras e, dentre elas, as que seriam chamadas de Brasil. Como vimos, as especiarias do oriente tornaram-se indispensáveis e rapidamente povoaram as mesas e o paladar europeus. Daí compartilharmos com o português o gosto pelo cravo, pela canela e por outros temperos perfumados. Descoberto o Brasil, descobriram-se novos sabores.

É certo que tais descobertas não corresponderam a uma imediata aceitação, tanto por parte dos portugueses quanto dos indígenas, mas a história nos mostra a evolução destes costumes.

O paladar não é tão universal quanto a fome (CASCUDO, 2004).

Avançando na construção da história de um paladar tipicamente brasileiro, as contribuições indígenas somaram-se às contribuições africanas de diversas etnias e, desta base fundamental, derivam-se as nossas práticas alimentares. O paladar brasileiro, a nossa maneira de processar os alimentos e combiná-los, a frequência e a intensidade com que estes são consumidos, a prática social, o cotidiano das refeições e todas as tipicidades de nosso consumo alimentar são o resultado da prática cultural. A forma como produzimos o alimento, o que compreende os detalhes do cotidiano e os ciclos festivos, bem como a forma como compartilhamos tais alimentos, são condições ideais para o exercício da hospitalidade.

A produção intensa de alimentos, com a consequente rapidez de distribuição e migração desses sustentos para os grandes centros urbanos, representa uma série de fatores que descaracteriza os ciclos produtivos agrícolas, tais como o do milho e do feijão, entre outros, mas sobrevivem nos festivos, quando alimentos e preparações culinárias nos remetem a um período de consumo. Trata-se do ciclo das festas juninas, com sua rusticidade presente nas preparações alimentares; do ciclo das festas natalinas, do ciclo da quaresma, entre outros. Mesmo que eclipsados pela modernidade e a relatividade desses elementos no cotidiano, somos testemunhas da persistência e atemporalidade desses costumes.

A natureza plástica de nossa cultura, isto é, a de plasmar elementos culturais distintos e transformá-los, rende esta multiplicidade de práticas alimentares. No Brasil inteiro come-se arroz e feijão. No entanto, em cada região, tanto o arroz quanto o feijão apresentam características próprias, quer no preparo quer na inserção de elementos que lhes emprestem o sabor mais adequado ao paladar local. Por exemplo, em São Paulo há a predominância do feijão carioquinha, no Rio de Janeiro o feijão do cotidiano é o preto e, no Nordeste do Brasil, arroz e feijão são cozidos e servidos juntos numa mesma preparação, o baião-de-dois (BOLAFFI, 2000).

O feijão com farinha ficou sendo o mais nacional dos pratos (CASCUDO, 2004).

A tríade europeia-indígena-africana da construção de nossa identidade cultural e gastronômica está presente nos hábitos e práticas alimentares. O ato da alimentação é fisiológico, mas o que comemos e a maneira como comemos é cultural. O Brasil inteiro consome farinha de mandioca, herança indígena resistente. O curioso nisso é observarmos que, em cada região do País, devido às proporções continentais, encontram-se diversos tipos e utilizações dessa mesma farinha. A matéria-prima (mandioca), o produto e o processo são os mesmos, mas apresentam variações quanto à granulação, torração etc. A farinha de mandioca, com aplicações distintas, ora é combinada a elementos salgados, ora a elementos doces.

Na história do Brasil, outras influências seriam associadas à nossa gastronomia, com maior relevância nos séculos XIX e XX, notadamente com as contribuições de italianos, alemães e mesmo asiáticos, entre outras. O paladar brasileiro assumiu rapidamente sabores mediterrâneos e, já no princípio do século XX, o macarrão estava no almoço domingueiro de certos fazendeiros, quanto atualmente é visto na marmita operária, nas cidades e vilas industriais (CASCUDO, 2004).

Ao abordarmos a prática turística, vemos que esta não está desvinculada da prática cultural, mais precisamente na moderna sociedade global, ou no modelo existencial da sociedade industrial: trabalho – moradia – lazer – viagem (KRIPPENDORF, 2001), que propõe uma nova compreensão do lazer. Nesta visão, a prática do turismo vai buscar as motivações do homem e seu lazer, os ciclos que se multiplicam, bem como a diversidade de produtos e serviços a serem desenvolvidos para as aspirações do mercado turístico, ou a humanização das viagens (KRIPPENDORF, 2001).

Há, desta forma, o desenvolvimento de produtos específicos combinados a produtos já desenvolvidos, o resgate de práticas culturais ligadas à alimentação, o valor da hospitalidade frente aos desafios de sua transformação em item de serviço na hotelaria, no cotidiano dos múltiplos estabelecimentos de hospedagem e empreendimentos de alimentos e bebidas, na extensão destes serviços em eventos de tipologia variada e na construção do produto turístico genuíno, pleno de experiência e vivência. O alimento, a comida, a prática cultural da alimentação são elementos que distinguem e segmentam o mercado turístico nos exemplos recentes de turismo gastronômico, roteiros especiais de degustação de vinhos, festivais gastronômicos ligados à sazonalidade de determinado insumo, ou mesmo aos costumes festivos.

O alimento, a comida, a bebida e a cor local, aliados ao valor da hospitalidade posta como serviço, promovem uma nova e interessante experiência turística.

A escola do turismo humano, idealizada por Krippendorf (2001), propõe, dentre outras considerações, incitar as pessoas em férias a viver e a agir de forma diferente, considerando ainda itens de exploração tais como a sociabilidade, com "a celebração de festas regionais ou nacionais, festas com tema..., a viver a cultura, descoberta e experiências novas, tais como sessões de leitura com autores, serões de jogos de erudição,...cursos de culinária, entre outros" (KRIPPENDORF, 2001).

A experiência turística pode prevalecer-se grandemente da vivência de práticas culturais, incluso a alimentar, sustentada pelo valor da hospitalidade posta como serviço.

Alimento, prática cultural e hospitalidade, o exemplo do Espaço Gourmet no evento Expo São Roque, em São Roque - SP

Como exemplo da materialização da nova face do turismo e a proposta de explorar a cultura, descoberta[1] e experiências novas (KRIPPENDORF, 2001), há o projeto colocado em prática na Expo São Roque, evento realizado anualmente no município de São Roque, estado de São Paulo.

Promovido por meio de uma parceria firmada entre o Sindicato da Indústria do Vinho de São Roque (Sindusvinho) e o Poder Público Municipal, o evento caracteriza-se como uma feira de produtos ligados à história e à produção econômica e cultural da localidade, aliadas a mostras artísticas e culturais, além da produção de alcachofras (COBELLO, 2007) e também à tradição vinícola, referência cultural importante ligada à imigração italiana, apesar da origem colonial da cidade com pouco mais de 350 anos de existência.

Nos moldes do núcleo de colonização e urbanidade portuguesa, no século XVI, a cidade nasce e vai encontrar no século XIX a importante contribuição da imigração italiana, e também da portuguesa, na formação de um núcleo social com cultura e hábitos alimentares próprios.

Ainda na primeira metade do século XX, a produção vinícola alcançou grande projeção, com a fundação de inúmeras adegas, a maioria a ostentar como marca o próprio sobrenome das famílias que produziam, basicamente, vinhos de mesa, ou seja, vinhos produzidos com uvas de mesa, sem a sofisticação dos vinhos produzidos a partir de uvas viníferas. Dentro da forte tradição europeia (no caso, italiana e também portuguesa), a produção limitada ao regional alcançou outras fronteiras. A partir da comercialização da produção de vinhos, a cidade passou a ser reconhecida como "São Roque, a terra do vinho" (COBELLO, 2007), um *slogan* ainda presente no imaginário. Para compor esta imagem e ampliá-la, ainda nos

---

1 Descoberta: na forma singular, em estreita observância ao texto original do autor.

anos de 1940, a cidade sediou a primeira Festa do Vinho, evento de caráter festivo para a divulgação e comercialização de vinhos; além disso, a festa tinha o intuito de promover as características naturais da região, tais como o clima, a localização e a proximidade de um grande centro urbano, já que dista pouco mais de 60 quilômetros da cidade de São Paulo/SP.

A natureza celebrativa dessa bebida, bem como o seu caráter cotidiano de presença nas mesas italianas, sem a preocupação do consumo refinado descrito na enologia, mas sim o acesso a um produto que dentro de seu tipo apresentava qualidade, promoveu uma rápida popularização do evento, atingindo repercussão local e regional.

A Festa

Em 1936, cerca de vinte proprietários rurais de São Roque se reuniram para fundar o então *Syndicato*[2] dos Fabricantes de Vinho de São Paulo. Apenas alguns meses depois esse sindicato já estava filiado à Federação dos *Syndicatos Patronaes*[3] da Indústria de São Paulo.

A mudança do nome para Sindicato da Indústria do Vinho ocorreu em 1941 e, nos 35 anos seguintes, as histórias do Sindicato e da Festa do Vinho confundiram-se com a da própria cidade de São Roque. A primeira Festa do Vinho de São Roque ocorreu em julho de 1942 e, a partir daí, 37 outras edições foram realizadas seguindo-se o mesmo modelo. Os vinhos produzidos e envasados em São Roque remetiam à qualidade das terras para o cultivo de uvas, apropriadas à produção do vinho *rascante*, que desce "raspando" a garganta, muito parecido com aquele que eles próprios estavam acostumados a fazer na Itália e em Portugal, de onde tinham emigrado.

Foi um período de grande impulso ao setor vinícola, embalado pelo aumento da produção e da fama crescente da festa. Em 1969, cerca de 150 vinicultores dividiam a produção de 8 a 12 milhões de litros de vinho por ano[4] e a festa crescia em popularidade e afluxo de turistas. Na década seguinte, em consequência da valorização imobiliária, houve sensível perda das áreas de cultivo de uva em toda a região. A produção de vinho perdeu competitividade e a diminuição da atividade fez com que muitas vinícolas

---

2 Syndicato, grafado conforme a ortografia da época, 1936.
3 Syndicatos Patronaes, conforme grafia da época.
4 Dados Sindusvinho, 2008.

encerrassem suas atividades. A essa conjuntura soma-se o despreparo da cidade para atender a demanda.

Onde em outros tempos luziam parreirais, modernamente estabeleciam--se condomínios domiciliares em uma nova perspectiva de exploração imobiliária. A produção de vinhos a partir da colheita de uvas locais cedeu espaço ao envasamento de vinhos produzidos no sul do País, mesmo que ainda hoje se mantenham parreirais na zona rural da cidade. No interior das adegas, melancolicamente, gigantescos tonéis de madeira de lei jazem como monumentos vazios que evocam um tempo de *glamour* e prosperidade.

Nas últimas edições da festa, a própria hospitalidade, característica dos primeiros eventos, foi se perdendo, até se transformar em repulsa da população residente no entorno do parque da feira. A oferta abundante e acessível do vinho, o caráter inebriante da bebida, os excessos cometidos por turistas e a constante e legítima reclamação dos moradores locais, aliados à falta de infraestrutura da cidade, levaram à suspensão da festa. Permaneceu, no entanto, a marca "Terra do Vinho" e, em 1992, a cidade recebeu a certificação de estância turística.

Em 1993, o Poder Público Municipal decidiu reeditar uma festa para promover seus principais produtos agrícolas, incluindo a alcachofra e flores de corte, culturas que nas últimas décadas popularizam-se entre os produtores locais. A festa foi retomada com o nome de Expofloral, ainda em outro endereço diferente do atual, e passou a promover a comercialização de flores e alcachofras, além do vinho. Na oportunidade, a Expofloral foi uma realização terceirizada por empresas promotoras de eventos, nos moldes despersonalizados dos eventos que não priorizam as raízes da cidade-sede e apresentam descomprometimento para com os interesses da localidade.

Esta realidade mudaria em 2005 graças a um convênio firmado entre o Poder Público e o Sindusvinho, que assumiu a organização e a mudança do evento para o Recanto da Cascata, um parque com 50 mil metros quadrados com infraestrutura própria e área de mata atlântica preservada. Na época, estudos demonstraram que a marca "Festa do Vinho" estava ainda negativamente associada à produção vinícola. Além disso, a fabricação do vinho (KRIPPENDORF, 2001) estava comprometida, distante de atender até mesmo a demanda regional.

Definido o evento, uma das primeiras mudanças foi com relação ao nome da festa, que passou a se chamar "Expo São Roque". Com essa nova denominação, o evento propiciaria a divulgação de todo e qualquer produto pertinente à economia local, sem desprezar o passado histórico da produção dos vinhos de mesa, com a atenção voltada para a realidade turística de novas possibilidades. Fixou-se o calendário do mês de outubro por ser o período de máxima e excelente floração das alcachofras, nos finais de semana compreendidos no total de quatro semanas de evento, na média.

A cidade buscou revitalizar o cenário da vitivinicultura em São Roque, numa iniciativa do próprio sindicato, e, para tanto, já há alguns anos, propõe ações pontuais, o que inclui pesquisa e adequação de variedades para a produção de vinhos finos, o desenvolvimento das vinícolas locais e atração de novos investimentos, além da aposta no turismo da região. Tais ações compreendem o desenvolvimento do Projeto Pró-Vinho[5], em parceria com a Fiesp, a Secretaria de Agricultura do Estado de São Paulo, por intermédio da APTA (Agência Paulista de Tecnologia Agrícola), e o Poder Público Municipal, além da renovação do evento Expo São Roque, agora numa perspectiva de valorização da produção local.

A Alcachofra

Nesse contexto, a alcachofra surge como opção para alguns produtores que substituíram parte de suas plantações de uva e iniciaram o cultivo da flor exótica, já adaptada com sucesso à região. Para representar um exemplo claro da prática cultural alimentar de origem mediterrânea, seu cultivo foi popularizado pelas famílias de origem italiana. A iguaria apresentava comercialização garantida em restaurantes da capital e centros de distribuição de produtos agrícolas, além de ser amplamente consumida por descendentes de imigrantes italianos na própria cidade (COBELLO, 2007).

A natureza exclusiva do sabor e a multiplicidade de aplicações culinárias da alcachofra, além de suas propriedades medicinais, estabeleceram uma nova relação de consumo. Antes restrito ao paladar local, quer pela proximidade a centros produtores, quer pela influência cultural mediterrânea, a alcachofra entrava no cotidiano das refeições. No auge de sua floração primaveril a alcachofra é consumida *in natura*, mas pode ser encontrada na forma de produto beneficiado, tanto pela técnica de congelamento, quanto pela conservação em salmoura, óleo etc.

---

5 Projeto Pró-Vinho busca dar novo impulso à produção de vinhos em todo o estado de São Paulo.

Expo São Roque

A Expo São Roque foi assumida pelo Sindusvinho em 2005 e conta com o apoio do Poder Público Municipal. Desde então, estabeleceu-se um novo padrão para o evento, priorizando a produção local vinífera e valorizando o produto alcachofra. Desta forma, dentre as atrações propostas ao evento, criou-se o Mercado da Alcachofra, projeto e espaço de arquitetura efêmera inspirado na imagem de um mercado de origem rural, bucólico-cenográfico, com referência ao patrimônio arquitetônico presente na cidade, marcadamente da década de 1920.

Como forma de incentivo ao consumo do produto alcachofra *in natura*, criou-se um apêndice batizado de Espaço Gourmet, compreendido dentro dos limites do Mercado da Alcachofra, área de comercialização do produto.

Essa área, composta por balcão de cozinha de demonstração equipada com bancada, pia com água corrente e fogão a gás, apresentava a intervalos regulares sessões de culinária com a produção gastronômica de pratos a base de alcachofra, sempre preparados por profissional de cozinha.

O roteiro apresentava o produto alcachofra bem como sua origem geográfica, contexto histórico e inserção na localidade. O discurso realçava suas propriedades e sabor, métodos de escolha, conservação e crivo, encerrando com a preparação de uma iguaria com a alcachofra fresca na presença e com participação do público por adesão gratuita.

Esta realidade prática permaneceu nos mesmos moldes, e de maneira inalterada, até o ano de 2009, quando o espaço deixou a lateralidade e função apêndice do Mercado da Alcachofra para assumir espaço próprio, ainda de arquitetura efêmera, mas já adequado fisicamente frente ao crescente interesse do público e em resposta a uma necessidade.

Disposto no espaço central do recinto, ele apresentou em suas últimas edições características acolhedoras, com cadeiras dispostas na forma de auditório e cenografia mais intensa, com a exposição de imagens da cidade e também do produto alcachofra. Externamente, representa em suas quatro faces as fachadas que reproduzem artisticamente imóveis tradicionais e referências de urbanismo da localidade. Mantendo a função de auditório, ali são realizadas sessões de gastronomia com alcachofra, apresentadas por profissional de cozinha.

O espaço oferece receptivo próprio e faz uso de mídias diversas, tais como aparelhos de TV utilizados para aproximar as imagens para a audiência, serviço de reprodução sonora e distribuição de receituário exclusivo desenvolvido para estas sessões; após as sessões, seguem-se oficinas de degustação de vinho local, com a presença de enólogo, englobando-se, assim, os principais produtos da localidade, o passado vinífero e a produção de alcachofras. O próprio calendário do evento obedece ao período de floração das alcachofras no auge primaveril. A programação das sessões obedece ao período vespertino e este é o de maior frequência de visitantes, com intervalos regulares.

A realização destas sessões de culinária tem se mostrado instrumento muito eficaz para a multiplicação da informação, a despeito da inexistência de estudos específicos. É nítida a sensação de conforto, acolhimento do visitante e a experiência da hospitalidade, todos implícitos no espaço que busca reproduzir o doméstico, a cozinha que pertenceria a uma das casas reproduzidas nas fachadas ostentadas externamente.

As sessões de culinária intensificam o compartilhamento de informações sobre a alcachofra ainda não tão difundidas nacionalmente, suas propriedades gustativas, cor, aroma, textura, perfume. Esta experiência sensorial valoriza e atualiza, vivifica a experiência turística aliando cultura, descoberta e experiências novas.

A hospitalidade presente e implícita no Espaço Gourmet, reconhecida pelo público como valor agregado, assume o caráter de serviço. A tradição do consumo, os segredos antes restritos aos núcleos familiares da localidade, multiplicam-se e expandem-se no espaço do público. O alimento alcachofra como símbolo da hospitalidade chega desta forma até aos dias de hoje.

Cultura, descoberta e experiências novas na ótica de Krippendorf

O Espaço Gourmet da Expo São Roque representa para o visitante o recanto da hospitalidade ampliada, pois propicia, além da informação prática e didática, a vivência da experiência de reagir de forma pessoal a estímulos de aprendizagem e compartilhamento de informações, entre outros.

A despeito da ainda inexistente pesquisa para identificação da multiplicidade de informações que possam decorrer desta empreitada, a direção do evento mostra uma forte reação a esses estímulos, dotando o espaço de mais ferramentas de comunicação para sua expansão.

O produto alcachofra, mesmo que restrito ao paladar e à propriedade gustativa de cada um, distingue-se além do gosto e assume posição cotidiana para compor o cardápio e o hábito alimentar destes visitantes. Quando incluído na ração diária[6], representa a descoberta de um novo sabor em um repertório já vasto. Mas este novo sabor, incorporado ao repertório pessoal do visitante, traz a experiência do acolhimento, do compartilhamento e a rememoração do momento em que esta descoberta se fez, sob os eflúvios de ambiente hospitaleiro.

Assim, a nova descoberta, aliada à experiência turística, supera as expectativas do visitante. Aliada a outras iniciativas, essa descoberta vai ao encontro do documento produzido no Círculo de Estudos sobre o Turismo de Starnberg (1975), que destaca a inserção de atividades físicas, a promoção da sociabilidade e ações criativas, todas ligadas à prática turística. Servem de estímulo à experiência do visitante, segundo o documento, "sessões de leitura sobre a história do país, cursos de iniciação à língua (...), cursos de culinária" (KRIPPENDORF, 2001).

A proposta original de, em um primeiro momento, oferecer informações sobre a alcachofra permite agora, no Espaço Gourmet da Expo São Roque, a experiência de compartilhar tais informações neste local, o que cristaliza o princípio da hospitalidade, não somente pela materialidade, mas pela vivência.

Para tanto, a reação está presente na atualização permanente do discurso didático e na renovação do material gráfico, entre outros. O crescimento do evento propõe novos desafios frente à velocidade e à natureza vertiginosa da multiplicação das informações para a sociedade humana, outrora tão sedentária, que se põe em movimento (KRIPPENDORF, 2001).

A proposta de uma descoberta e de experiências novas representa um olhar contemporâneo, vívido e sagaz, perscrutador e intenso, a ser desenvolvido pelo visitante, que reconhece com clareza a hospitalidade como valor e como serviço.

Viver a experiência das sessões de culinária, e também a introdução ainda que primária da degustação de vinhos, intensifica a relação econômica do visitante para com as experiências vividas e o destino escolhido. Há a possibilidade de se pertencer ao conhecimento, compartilhar o cotidiano e suavizar as fronteiras físicas originárias do deslocamento.

---

6 Ração diária: conceito que determina a maneira e a periodicidade com que são divididas as refeições em um dia.

O alimento e a prática cultural alimentar, sua história e desenvolvimento, são, a partir desta experiência, a cristalização do pertencimento.

O Espaço Gourmet como cristalização do valor da hospitalidade e a segmentação de mercado do produto turístico

A escola do turismo humano (KRIPPENDORF, 2001), a mobilidade social e cultural, o intenso tráfego das informações nas modernas sociedades, o fenômeno da globalização e a intensidade das mudanças e adaptações advindas dessa realidade praticável revelam um novo turismo. O ser humano não nasceu turista, mas tornou-se um por força da curiosidade. Aprender a ser turista não é elemento constante de nossas grades curriculares e a viagem não é uma experiência particular. Ao contrário, implica em conhecer e compartilhar práticas culturais distintas, respeitá-las, compreender em vez de apossar-se delas (KRIPPENDORF, 2001).

Essa curiosidade favorece o campo da experiência. Podemos aprender a tratar da cadeia produtiva do turismo, mas não aprendemos a ser turista. Tais considerações levantam questões que estão por ser respondidas, pois há infinitas possibilidades no estudo do turismo e na ação das sociedades.

A exemplo do Espaço Gourmet, criado como atração para a Expo São Roque, fica clara a ideia do forte apelo à exploração do princípio da hospitalidade, mesmo que posta como serviço, na construção de uma identidade para o evento. A preocupação com a sazonalidade da alcachofra *in natura* e a manutenção de calendário que privilegia a produção e a própria extensão do evento, numa média de quatro semanas, são exemplos claros da necessidade de se conferir propriedade a ele. A experiência turística não pode mais ser vazia de significado (KRIPPENDORF, 2001), e o papel de viajante observador é uma imagem romântica do século XIX, não mais acomodada à realidade presente.

Neste sentido, o evento propõe, a partir das experiências compartilhadas no Espaço Gourmet, uma resposta pessoal ao aprendizado e a esta experiência compartilhada, a partir do momento em que são vencidas as barreiras geográficas do deslocamento. Trata-se de uma confirmação de que tal evento reconhece com clareza a hospitalidade como valor e como serviço. Inserido neste novo contexto de realidade prática, o Espaço Gourmet, como atração da Expo São Roque, oferece a possibilidade da compreensão e não da aquisição, expandindo a relação econômica do visitante.

O alimento, a comida, a prática cultural, a dinâmica da hospitalidade valor-serviço e os permanentes e constantes desafios da expansão da atividade turística representam desafios tanto para aqueles que se dedicam às viagens como para aqueles que atuam nesse mercado. As propostas devem preparar e educar os seres humanos para a viagem (KRIPPENDORF, 2001).

A cristalização da hospitalidade como valor-serviço traz uma nova dimensão, a compreensão da experiência do visitante, como alguém efetivo e participante na construção de sua experiência vibrante e vivificante. A consideração de produto, o conceito de mercado e o segmento de mercado abrem-se a novas propostas, pois nunca recebemos educação relativa a essa nova mobilidade que chamamos de turismo (KRIPPENDORF, 2001).

Abre-se, portanto, todo um campo de possibilidades na área da pesquisa, e mesmo o exemplo do Espaço Gourmet na Expo São Roque não deve ser considerado de maneira atávica. Enquanto produção humana nos âmbitos social e cultural, a despeito das relações econômicas e sociais, é objeto em movimento.

Como herdeiros dos grandes navegadores do século XVI, ainda estamos em busca de novos sabores que nos levam a descobrir novas terras, viajantes e visitantes de destinos. Como seres humanos que somos, carregamos a essência da água, e sempre saberemos para onde seguir.

Referências

BOLAFFI, Gabriel. *A saga da comida*. Rio de Janeiro: Editora Record, 2000.

CASCUDO, Luís da Câmara. *História da alimentação no Brasil*. São Paulo: Global, 2004.

COBELLO, Sandro Marcelo. *Resgate da identidade cultural da Estância Turística de São Roque-SP através do roteiro do vinho, gastronomia e lazer:* um estudo preliminar. X ENTBL – Encontro Nacional de Turismo Base Local. João Pessoa, 2007, 10p.

KRIPPENDORF, Jost. *Sociologia do Turismo para uma nova compreensão do lazer e das viagens*. São Paulo: Aleph, 2001.

ZARVOS, Nick. *Multissabores:* a formação da gastronomia brasileira. Rio de Janeiro: SENAC Nacional, 2000.

O fator humano: fator de estratégia competitiva e segmentação do turismo

LAURA CRISTINA FOZ RODRIGUES ALBERTO

> O inferno dos vivos não é algo que será; se existe, é aquele que já está aqui, o inferno no qual vivemos todos os dias, que formamos estando juntos. Existem duas maneiras de não sofrer. A primeira é fácil para a maioria das pessoas: aceitar o inferno e tornar-se parte deste até o ponto de deixar de percebê-lo. A segunda é arriscada e exige atenção e aprendizagem contínuas: tentar saber reconhecer quem e o que, no meio do inferno, não é inferno, e preservá-lo, e abrir espaço.
>
> CALVINO, Ítalo. *As cidades Invisíveis*. São Paulo: Cia. Das Letras.

Este trabalho discute a complexidade inerente ao planejamento e desenvolvimento de estratégias de negócios em um segmento como o de Turismo e Hospitalidade, partindo de considerações sobre a complexidade das relações humanas implicadas nessas atividades. Tal complexidade, característica de todo fenômeno relativo ao Homem e sua ação, inclui as relações sociais. Nestas, a complexidade está potencializada pelo envolvimento de pessoas nos dois lados: o de quem serve e o de quem compra o serviço, cada qual com suas expectativas, desejos, visão de mundo, valores, nível de educação, padrão cultural, nível socioeconômico e tantos outros determinantes do comportamento humano. A compreensão dessa estratégia, sua consideração nos planos de negócios e sua exploração nas táticas de ação, é, então, avaliada como um grande diferencial competitivo.

O tipo de negócio e, por consequência, o tipo de trabalho tratado neste livro, é Serviço. É possível entender por serviço o desenvolvimento e a execução de projetos, rotinas, processos e procedimentos que auxiliam outros, os clientes – sejam pessoas físicas ou jurídicas – a conseguir seus objetivos, sejam quais forem: alguém paga para ter uma facilidade, economizar tempo, explorar uma competência que não tem, locomover-se com mais rapidez, usufruir temporariamente de bens que não possui, obter bens de que necessita, obter opiniões especializadas, frequentar lugares para ter prazer, cuidar da saúde e da beleza, divertir-se, ou simplesmente olhar a natureza. Compreende, claro, o uso de técnicas e equipamentos desenvolvidos com base em tecnologia, inclusive das mais avançadas, e produzidos em fábricas, mas é serviço; é o uso competente das ferramentas, a manipulação especializada da matéria-prima por uns, que caracteriza o que é oferecido para outros, seus clientes. Creio não ser demasiado lembrar que, mesmo sendo fruto de efetivo trabalho de criação e planejamento realizado no gabinete, como ocorre para qualquer produto manufaturado de tecnologia avançada, o qual pode ser oferecido aos clientes depois de testado, o serviço só existe quando o cliente o consome, sem possibilidade de troca ou de assistência técnica. Um roteiro turístico totalmente criativo e inovador, gerado em um escritório, só se efetiva quando o cliente o realiza, consumindo uma sucessão de serviços: o desenho do próprio roteiro, o transporte, a hospedagem, o próprio transporte, a oferta de alimento e bebida, a orientação de um guia em um passeio etc.

Pretendo aqui propor mais uma vez uma reflexão sobre os dois lados de um negócio e, como disse acima, por consequência, uma área de trabalho: o trabalhador e o cliente, não do ponto de vista estritamente técnico operacional da gestão de marketing e da gestão de recursos humanos, mas do conteúdo significativo que deve estar sob as análises, decisões e, sobretudo, das estratégias desenhadas por essas duas áreas de ação nos negócios. Trato, aqui, especialmente, de conteúdos de natureza psicossocial, objetos de estudos em áreas do conhecimento que são denominadas de Psicologia do Consumidor e Psicologia do Trabalho. Estas são áreas tradicionais de publicações acadêmicas e profissionais e, desde há muito, estão sob o foco dos interessados e envolvidos com as questões das pessoas nos negócios. Sendo assim, não trato neste texto de uma síntese de seus conceitos; seria ousado, presunçoso e não haveria espaço para tal, mas apresento pontos e contrapontos para sugerir e recomendar a ênfase necessária à questão humana nos dois lados – o de dentro e o de fora do balcão –, atendo-me, além de a temas costumeiramente discutidos nesses contextos, como motivação, a aspectos da percepção interpessoal, atitudes e interesses. Em que pese a constatação de que em todo trabalho, mesmo o de um operador de máquina, os fatores humanos de natureza social e psicológica estão presentes, no serviço eles são elementos de sua construção.

Pessoas, de um lado e do outro: as relações sociais nos serviços

Serviços implicam uma relação social em que está implícito o ato de servir e de ser atendido em suas necessidades; relação social implica a ação recíproca de pessoas influenciadas mutuamente: são as pessoas que consomem e as que servem. Preponderantemente no caso dos serviços, essa relação é única, não pode ser reprisada da mesma maneira, mesmo mantendo-se os mesmos atores e as mesmas condições; é particular, mesmo envolvendo várias pessoas, pois sua vivência é individual. Quem são e o que sentem essas pessoas ao fazer o seu trabalho? Quanto há de vontade, de desejo, sonho, determinação por trás de alguém que está comprando um pacote turístico? Podemos, considerando a relação social que isso implica, contrapor esse conteúdo de natureza psicológica com o que, da mesma natureza, está por trás de quem oferece e executa o serviço? O objeto de atenção de ambos é o mesmo, por exemplo, o roteiro de viagem. Enfrentam-se o turista e o profissional num embate que pode ser pacífico, desafiador ou bélico, dependendo de como e em que grau cada parte usa seus recursos, investe suas energias, persegue seus anseios, construindo uma relação ímpar em um universo de possibilidades de ações e reações, e que está em jogo pelas diferenças pessoais. É possível, por exemplo, pensar o diferencial competitivo em restaurantes e similares, focando o lugar e o momento em que se encontram a vontade de servir bem de um garçom e a vontade do cliente de comer bem e ser tratado de maneira honesta e diferenciada?

Para ser estratégico, qualquer negócio em serviços deve considerar o seu cliente, compreendê-lo na sua unicidade, mas, na mesma proporção, zelar pela qualificação da mão de obra e, sobretudo, tratar-se o serviço como uma relação social, buscar a garantia da inclinação e do interesse por servir nos profissionais. Dada a vasta gama de ocupações envolvidas nesse tipo de negócio, podemos afirmar que uma diversidade de habilidades, conhecimentos e características pessoais podem ser essenciais para a execução técnica da atividade. Mas é estratégico estar pronto para o imprevisto, para superar a antipatia, a raiva, o asco, a pena, ser disposto a atender as necessidades de outrem e ser interessado em fazê-lo sentir-se bem.

Se de um lado temos os clientes do turismo – públicos com perfis dos mais diversos, localizados em nichos que a indústria do Turismo tem procurado focar de maneira diferenciada e, portanto, segmentada, reconhecendo sua especificação–, no outro temos os profissionais que devem atender de maneira particular cada um desses diversos públicos. E devem atendê-los com competência e valores convergentes no que tange ao atendimento de pessoas. Encantar o cliente e ser proativo, nos serviços em Turismo, vai além da demanda por habilidades e conhecimento, depende sim de atitude favorável ao cliente, facilitada pela vocação para isso.

A complexidade das relações humanas

Considerar os fatores humanos nos serviços é estratégico e, assim – muito além do discurso –, a gestão de pessoas e a gestão de marketing nas empresas de serviços do ramo de Turismo e Hospitalidade devem considerá-los na prática.

Na Publicidade, tais aspectos são extremamente valorizados e, sendo assim, desde há muito são tratados em manuais e artigos, comumente sob o tema Comportamento do Consumidor. Na gestão de pessoas, esses temas são considerados em textos voltados ao Comportamento Organizacional, mais em uns do que em outros, nos quais encontramos, por exemplo, as teorias motivacionais enfaticamente discutidas. Quando o foco é a gestão de recursos humanos, aspectos como atitudes, percepção interpessoal ou motivação são temas que apoiam práticas como a definição de competências nos perfis de cargos, nos critérios de seleção de candidatos e nas necessidades de treinamento, por exemplo. Entendo que compreender o ambiente, as pessoas e os aspectos psicossociais de sua relação com o seu trabalho é o que permite uma definição mais apropriada e pertinente dos processos de RH, desde o planejamento do quadro de pessoal e das políticas, até a demissão, passando pelas escolhas dos mais adequados ao trabalho proposto e pelos mecanismos de reconhecimento e recompensa.

Essa compreensão significa relativizar os perfis de grupo e individuais. Por mais que possamos falar em sociedade pós-moderna, necessidades do homem no século XXI, geração X, geração Y, o que sem dúvida nos situa em relação à humanidade contemporaneamente, os aspectos culturais e psicológicos, sociais e individuais, devem ser considerados, o que traz desafios no sentido das diferenças. Como o fenômeno humano é complexo, não pode ser abordado de maneira simplista e mecanicista. A Física newtoniana da causa e efeito nos ensinou que, se colocamos água a 100°C em condições certas de pressão, ela ferverá sempre. Embora a Sociologia e a Psicologia tenham tentado seguir o mesmo raciocínio, especialmente quando precisavam se firmar como ciência, constata-se que o homem e o seu fazer têm se mostrado um efeito que não se pode atribuir a uma só causa, ou ainda, a mesma causa não chega sempre ao mesmo efeito. Uma mesma recompensa por um trabalho diferenciado pode agradar a um e não a outro profissional; indo mais além, a mesma recompensa pode lhe ser interessante em uma época e em outra, não. Promoções em vendas podem atrair algumas pessoas, mas não outras, e podem efetivamente mobilizar uma pessoa em determinada época de sua vida, sob determinadas circunstâncias, enquanto outras, não.

Nesses termos seria apropriado citar Edgard Morin (PENA-VEGA e NASCIMENTO, 1999, MORIN, 2002) e seu conceito de paradigma da complexidade. Com a referência em paradigmas, é importante lembrar Kuhn (1990), que tratou de discutir os paradigmas nas ciências. Sob influência de sua obra, e face à necessidade de mudança, durante algum tempo na década de 1990 se discutiu muito a questão dos paradigmas nas organizações. Paradigma é um conjunto de referenciais para se explicar o mundo que uma determinada comunidade entende como a Verdade (KUHN, 1990). Kuhn mostra quão relativa é a análise sob o paradigma, considerando o momento histórico e o grupo que o aceita, e como é difícil o processo de mudança, uma vez que todo o movimento da sociedade, inclusive o científico, colabora para a sua manutenção – pesquisas são planejadas sob a tutela do paradigma vigente, comprometendo novos olhares, teses contrárias não são aceitas uma vez que são avaliadas sob a ótica convencional, dissidentes são rejeitados.

Para Morin, o paradigma mecanicista, denominado paradigma da simplicidade, que entende um efeito provocado por uma causa, não se presta ao fenômeno humano. Por essa razão, o autor apresenta o conceito do paradigma da complexidade, sob o qual as ciências humanas deveriam estabelecer suas hipóteses e escrever suas teses. Isto significaria considerar que não se chega ao cerne do fenômeno nunca, e que muitas abordagens devem se compor para se aproximar dele. Dessa maneira, uma visão multidisciplinar do Homem e da Humanidade é a única forma de melhorar a compreensão do humano. Somando-se, por exemplo, às ciências sociais e humanas a neuropsicologia e as neurociências, em geral chega-se à compreensão do comportamento humano como dependente também das propriedades, da composição neuroquímica e da fisiologia do cérebro. Isso, por sua vez, se agrega às condições sociais que se apresentam ao indivíduo desde o seu nascimento e às condições psicológicas que se desenvolvem a

O FATOR HUMANO

partir disso, cunhando-lhe um caráter particular e único, ao mesmo tempo em que se torna universal.

Sob o paradigma da complexidade, face às diferentes causas e seus diferentes arranjos em diferentes pessoas e grupos, qualquer planejamento envolvendo o homem e sua manifestação se torna mais difícil – há que se considerar muitas variáveis. Por outro lado, é no contexto das múltiplas variáveis implicadas no comportamento individual e multiplicadas no comportamento coletivo que se dá a segmentação nos negócios. Poderíamos, contudo, para não perder o foco, considerar uma única variável: o SER humano. SER humano é perceber, sentir, pensar e agir conforme uma conjunção de fatores biológicos, psicológicos e sociais; conjunção esta que é histórica – mutável e evolutiva; esta, por sua vez, é a concepção que Karl Marx apresenta de homem sob a ótica do materialismo histórico. Marx considera a capacidade do homem de modificar o mundo através de sua ação, de seu trabalho, de planejar essa modificação, considerando o grau de evolução já alcançado pelas gerações anteriores (MARX, 1980). Também é essa ideia da influência dos aspectos dos contextos social e histórico, e do sentido da atuação no mundo, que, para muitos autores, está presente no conceito de identidade e de identidade de grupo, definindo-se a identidade como construção de natureza psicossocial e, portanto, fruto das diversas relações do indivíduo com "outros significativos" (MICHENER, DeLAMATER e MYERS, 2005).

Estratégia na gestão de recursos humanos: considerando o servir

Desde há muito se fala em gestão estratégica de recursos humanos. Na essência, trata-se de alinhar as ações realizadas pela área de Recursos Humanos nas empresas com os objetivos de negócios, sejam de curto, médio ou longo prazos. Genericamente, o Planejamento de Recursos Humanos deve se desenhar como um conjunto de estratégias para atrair, manter e desenvolver os talentos necessários para o desenvolvimento das estratégias de negócios. Além disso, o Planejamento de RH deve supor necessidades de diferenciais competitivos e, sob essa perspectiva, estruturar planos de ação que as suportem. Isso, de forma mais específica, significa que os subsistemas de Recursos Humanos devem ser estruturados para atender demandas de curto, médio e longo prazos, guiados pelos planos da organização e alinhados entre si (SNELL e BOHLANDER, 2007; IVAN-CEVICHI, 2008).

É bastante comum que as ações da gestão de Recursos Humanos sejam estranhas umas às outras. Por exemplo, é fácil encontrar uma empresa que estabelece um sofisticado programa de treinamento para competências necessárias aos planos da organização, e a seleção de pessoas acaba sendo realizada baseada em aspectos genéricos, esperando-se atributos que são valorizados no mercado em geral e sem uma atenção específica às reais necessidades para cada ocupação. O contrário também é comum, talvez ainda mais, com treinamentos planejados em cima de modismos, sem acompanhamento e que se mostram ineficazes em pouquíssimo tempo.

Ao tratar do treinamento como estratégia para o alcance de desempenho diferenciado em serviços, Rosa (2007) parte do princípio de que, em Serviços, a atividade carrega a complexidade do SER humano em dobro, uma vez que pressupõe pessoas dos dois lados – o de quem serve e o de quem busca serviços. Especificamente nas ocupações ligadas ao turismo, o servir é uma questão que deve ser considerada. Quem compra quer o melhor, e o melhor é o que atende às suas expectativas, e não a de quem planejou o serviço, projetou os prédios, decorou o quarto, elaborou o cardápio, montou a carta de vinhos, produziu um evento ou desenhou um roteiro. Do outro lado, alguém que seja competente fez tudo isso baseado em pesquisas e características do público alvo. Porém, na ponta, ainda há mais um envolvido, alguém que vai atender – o garçom, o recepcionista, o porteiro, o barbeiro, o vendedor, o guia e por que não incluir seus supervisores? Todos eles têm objetivos individuais, nos quais, por um motivo ou outro, se inclui o seu próprio trabalho. Muitos que compram e muitos que oferecem serviços acabam por somar uma miríade de possibilidades de motivos, expectativas, emoções diversas sobre o relacionamento profissional-consumidor. Desenvolver profissionais sob uma visão estratégica envolveria desenvolver percepção interpessoal, permitindo a apreensão do cliente e de seus desejos e necessidades, além de atitudes positivas em relação ao outro, ignorando-se as diferenças, ou melhor ainda, explorando-as no atendimento. Seria preparar-se para qualquer posição, ação, reação, dúvida ou certeza de um cliente, o que não se pode fazer com receitas prontas, pois elas não seriam capazes de abarcar todo o universo das manifestações individuais e particulares de cada indivíduo.

Para Dave Ulrich (2003), renomado professor da Universidade de Michigan especialista em Recursos Humanos, o estratégico em gestão de pessoas, em gestão de RH, não é somente desenvolver competências para que o empreendimento se adapte às necessidades do mercado, mas implica em considerar a possibilidade de envolvimento dos profissionais. Competência sem envolvimento garante a adaptação e a sobrevivência, mas não oferece diferencial competitivo, nem é o atributo que garante a ação necessária frente ao novo que cada arranjo situacional apresenta ao profissional que atende pessoas. As competências essenciais para a ação estratégica estariam relacionadas ao engajamento de todos em relação à oferta de variedade de produtos, ao atendimento de todas as necessidades dos clientes e à possibilidade de alcançá-los, adequando-se às diferentes modalidades de acesso aos serviços e produtos pelos mais diversos tipos de clientes, sejam segmentados por poder aquisitivo, por características demográficas, geográficas, de gênero, de idade etc. Esse autor fala de estratégia associada a um futuro imaginado, construindo-se uma visão de empresa que, compartilhada, cria sinergia e posicionamento de todos, integrando todas as atividades, explorando todas as competências em conjunto.

Prahalad, também citado por Ulrich, propõe que o segredo da inovação, de uma estratégia para os negócios em um mundo extremamente competitivo e igual em termos de qualificações e tecnologia, é o foco no cliente, entendendo que se deve buscar todo e qualquer recurso, em qualquer lugar, para atender cada cliente como se fosse único. Este aspecto é especialmente interessante quando se pensa em economia de experiência, em Turismo de experiência, quando se procura oferecer vivência, participação ao turista. Diz Prahalad:

> O indivíduo situa-se no âmago da experiência. Se o *locus* de valor se desloca de produto e serviço para experiências, a criação de valor deve concentrar-se quase por definição em cada consumidor como indivíduo (PRAHALAD e KRISHINAN, 2008, p. 21).

No caso dos equipamentos turísticos, isso apresenta o desafio de possibilitar uma experiência única a indivíduos únicos, a partir de suas necessidades ímpares. Aí parece estar o cerne da segmentação estratégica de mercado: alcançar, por caminhos mais diversos, pessoas com os interesses mais diversos oferecendo-lhes produtos (e/ou serviços) das mais diversas naturezas.

Mais uma vez motivação: combinando motivos diversos...

Seguindo suas vontades, necessidades e desejos, os indivíduos se movimentam para encontrar ao seu redor os meios que lhes permitirão alcançar sua satisfação. É justamente nesse caminho que, desde há muito, seguem os estudos sobre motivação e sua aplicação, considerando-se as teorias clássicas e muito disseminadas, mesmo que revisitadas, como a da hierarquia da pirâmide de A. Maslow (SAMPAIO, 2009), ou outras menos divulgadas, focando a motivação para o trabalho, como a Teoria dos Dois Fatores, a Teoria da Expectativa, a Teoria da Equidade (ROBBINS, 2002). Como um tema tradicional, é tratado em textos voltados ao ramo da hospitalidade (GUERRIER, 2000), ou ainda ao consumo em Turismo (SWARBROOKE, 2007).

A Teoria da Expectativa, apresentada em muitos desses textos, pode ser útil para se discutir a motivação no ramo do Turismo e da Hospitalidade sob a ótica do servir. Essa perspectiva entende a motivação como resultado de uma composição relativa de três fatores: as condições que cercam o indivíduo, favorecendo ou não o alcance do objetivo, o valor que esse objetivo tem para ele e o grau e a natureza da expectativa que ele tem em relação a ser capaz de alcançá-lo. Pode ser um fator decisivo para o profissional de Turismo e Hospitalidade demonstrar maior envolvimento, energia, vontade, a percepção de valor no trabalho que realiza. Isso pode estar relacionado, por um lado, ao sentido do trabalho, o servir as pessoas, a levá-las a sentirem-se bem, a se divertirem, a descansarem adequadamente, a realizarem seus desejos e, por outro lado, terem o seu trabalho reconhecido e recompensado de maneira justa. Para essa concepção de motivação, tão importante quanto o valor é a autopercepção de competência e o estímulo à sua realização, via programas de capacitação e de desenvolvimento de atitudes, além de uma liderança eficaz – perspicaz, encorajadora, justa e capaz de um nível ótimo de delegação que favoreça a autonomia. Políticas de vendas, de desenvolvimento de produto e infraestrutura completam o cenário que pode ser favorável ou não a um comportamento mais motivado. Cabe mais uma vez lembrar que, na relação social em questão, na outra ponta está o consumidor, a outra pessoa, com suas equações psicológicas definindo também seu grau de motivação para, por exemplo, ir a um show, viajar pela Noruega, comer em uma feira popular.

A percepção do outro: sobre o ver e ser visto

Além da motivação para comprar ou para trabalhar, o fato de tratarmos de uma relação entre pessoas leva a outros aspectos que se apresentam nos dois lados. Ambos têm expectativas em relação ao que estão fazendo. O consumidor espera um gostoso pastel, espera ser feliz vendo os fiordes, ver e ouvir bem o seu cantor predileto, ser atendido com polidez por pessoas que digam obrigado e por favor. O profissional, por outro lado, espera ser bem-sucedido em suas tarefas, terminar logo, ser reconhecido pelos superiores e clientes, ser compreendido e ter o mínimo de suporte necessário para a realização de seus serviços; espera que o hóspede inglês aja como aprendeu que os ingleses agem, que o japonês o cumprimente como imagina que os japoneses costumam fazê-lo, que jovens prefiram certos roteiros, que senhoras idosas optem por passeios específicos, que seus clientes digam obrigado e por favor.

A essas expectativas mútuas, próprias das relações interpessoais e características do trabalho em hospitalidade, e que são baseadas em representações construídas pelas pessoas que atuam nessa área, somam-se contornos da imagem formada, no encontro de uns pelos outros, a partir do processo de percepção interpessoal. Cada indivíduo possui uma matriz particular e única construída ao longo de sua história, e que serve para categorizar e classificar tudo que lhe chega a partir dos órgãos dos sentidos. Olhares, vozes, posturas são interpretados sob o crivo dessa matriz e dão a cada qual o que se chama em Psicologia Social de teoria de Personalidade Implícita. As primeiras impressões e, depois, os sinais apresentados pelo interlocutor levam cada um dos envolvidos em uma relação interpessoal a desenvolver uma ideia da maneira de ser e de agir do outro, sobre a qual constrói a sua estratégia de relacionamento. Tal estratégia respeita uma atitude, uma inclinação positiva ou negativa derivada das informações recebidas – sinais, olhares, gestos, palavras, entonações – e de sua interpretação via categorias predeterminadas sobre tipos de pessoas, pessoas boas e más, inteligentes ou tacanhas, ricas ou pobres, felizes ou amarguradas. Características percebidas e expectativas dos dois lados da relação profissional – cliente e prestador de serviço –, e por conta das infinitas possibilidades de arranjo, tornam impossível prever o real resultado de cada encontro. Desenvolver conceitos que levam a compreender o cliente como indivíduo e, como tal, único e com desejos ímpares, é a base para estratégias segmentadas de mercado e de atendimento personalizado.

Concluindo

As estratégias competitivas, hoje, devem estar centradas nas pessoas que são os profissionais, pois esses podem reconhecer as pessoas que são os clientes. Uma tecnologia é a mesma para todos, oferece as mesmas facilidades, as mesmas vantagens a qualquer um e pode ser oferecida e operada por qualquer um. A estratégia estará, então, na compreensão da complexidade do ser humano, potencializada nas relações humanas, na exploração da capacidade de um ser humano perceber o outro e, então, de tornar mais apropriada sua interação. Essa estratégia pode eliminar a tendência mecanicista da produção em escala e do consumo de massa, que implica na construção de estereótipo do cliente e que leva o atendimento à rotina, gerando no lado do profissional a falta de sentido no trabalho e, no lado do cliente, a insatisfação.

Glossário

Comportamento organizacional: área de estudos dos aspectos humanos, de natureza psicossocial, nas relações de trabalho, como liderança, conflitos.

Identidade: percepção do próprio eu, sua posição, sua individualidade, seu propósito; identidade profissional é a percepção de si mesmo como um profissional em determinada ocupação.

Percepção interpessoal/social: percepção de pessoas e sua interpretação, segundo conteúdo de natureza cognitiva captado nas relações sociais; envolve mapas mentais e teoria de personalidade implícita.

Teoria da Expectativa: teoria Victor Vroom, em que a motivação é um processo que se dá a partir de três fatores: valência, expectativa e instrumentalidade.

Teoria da hierarquia das necessidades de Maslow: teoria em que a motivação humana é a busca pela satisfação de necessidades fisiológicas e psicológicas: sobrevivência, segurança, companhia, reconhecimento e realização.

Referências

GUERRIER, Y. *Comportamento organizacional em hotéis e restaurantes*. São Paulo: Futura, 2000.

HSU, C. H. C.; LIPING, A. C.; LI, M. "Expectation, motivation and attitude: a tourism behavioral model", *Journal of Travel Research*, doi: 10.1177/0047287509349266, 2009.

IVANCEVICH, John M. *Gestão de recursos humanos*. McGraw-Hill, 2008.

KUHN, T. *A estrutura das revoluções científicas*. São Paulo: Perspectiva, 1990.

MARX, K. *O capital*. 6. ed. Rio de Janeiro: Civilização Brasileira, 1980.

MICHENER, H. A; DeLAMATER, J. D.; MYERS, J. *Psicologia social*. São Paulo: Thomson, 2005.

MORIN, E. *Os sete pilares necessários à educação do futuro*. São Paulo: Cortez, 2002.

NOONE, B.; MATTILA, A. "Consumer goals and the service encounter", *Journal of Hospitality and Tourism Research*, dOI: 10.1177/1096348009350619, 2009

PENA-VEGA, A.; NASCIMENTO, E. *O pensar complexo*: Edgard Morin e a crise da modernidade. Rio de Janeiro: Garamond, 1999.

PRAHALAD, C. K.; KRISHNAN, M. S. *A nova era da inovação*: a inovação focada no relacionamento com o cliente. Rio de Janeiro: Elsevier, 2008.

ROBBINS, S. P. *Comportamento organizacional*. São Paulo: Prentice Hall, 2002.

ROSA, L. E. P. e CHAPIRA, N. P. "Novos desafios pra T&D: a busca de desempenhos superiores no setor de serviços", In: BOOG, G.; BOOG, M. *Manual de treinamento e desenvolvimento*: gestão e estratégias. São Paulo: Pearson, 2007.

SAMPAIO, J. R. "O Maslow desconhecido: uma revisão de seus principais trabalhos sobre motivação", *Revista de Administração*, p. 5-16, jan-mar de 2009.

SNELL, S.; Bohlander, G. *Human resources management*. Mason: Thomson, 2007.

STIGITZ, J. E. *Globalização*: como dar certo. São Paulo: Companhia das Letras, 2007.

SWARBROOKE, J.; HORNER, S. *Consumer behaviour in tourism*. Oxford: Elsevier, 2007.

ULRICH, Dave. *Recursos humanos estratégicos*: novas perspectivas para os profissionais de RH. São Paulo: Futura, 2003.

WHIPP, R. "Desconstrução criativa: estratégia e organizações", In: CLEGG, S.; HARDY, C.; NORD, W. *Handbook de estudos organizacionais*: ação e análise organizacionais. v. 3. São Paulo: Atlas, 2004.

ZANELLI, J. C.; BORGES-ANDRADE, J. E.; BASTOS, A. V. B. *Psicologia*: organizações e trabalho no Brasil. Porto Alegre: Artmed, 2004.

Hospitalidade, lazer e educação: uma oportunidade para o profissional de turismo.

Luiz Fernando de Oliveira

"Nenhum poder, um pouco de saber, um pouco de sabedoria e o máximo de sabor possível..."
(Rubem Alves. Esta deve ser a essência da educação.)

O profissional de turismo tem inúmeras possibilidades de atuação, pela sua formação diversificada. Uma delas pode ser mais explorada por esse profissional, que é o ambiente educacional. Nesse ambiente, ele pode trabalhar com viagens, eventos, lazer, meio ambiente e cultura. Para atuar neste setor, o profissional deve exercitar os conceitos sobre lazer, hospitalidade e gestão de projetos, procurando ser um indivíduo que sinta prazer de trabalhar com pessoas e se preocupe com a cultura. As possibilidades de atuação dentro do ambiente educacional são inúmeras, tanto com os alunos e parentes quanto com a comunidade, criando programas que facilitem a integração da escola com a comunidade, tornando o ambiente escolar um espaço cada vez mais prazeroso.

Introdução

As possibilidades de atuação do profissional de turismo são inúmeras, pois existe uma gama de segmentos de mercado que pode ser explorada pelo profissional. Esta segmentação pode ser por tipo de público, como turismo, terceira idade e turismo de formatura para adolescentes. Pode ser ainda por interesses culturais, turismo esportivo, turismo de aventura, ecoturismo. Isso permite entender que o profissional de turismo tem chance de segmentar sua atuação em espaços e equipamentos públicos, privados ou do terceiro setor: hotéis, clubes, hospitais, condomínios, entidades como Sesc, parques e áreas educacionais é o objeto de estudo deste capítulo.

Esta diversidade na atuação do profissional de turismo só é possível por sua formação abrangente em diversas áreas, como: agência, hotelaria, meio ambiente, eventos, alimentos e bebidas e lazer. A partir dessa formação, o campo de trabalho profissional vem crescendo.

Hoje é possível perceber que uma das grandes áreas que ainda pode ser explorada pelo profissional de turismo é a educação, através da qual ele trabalhará com viagens, eventos e principalmente lazer e cultura, tornando o ambiente escolar um espaço cada vez mais prazeroso e lúdico, e assim contribuindo na formação de indivíduos competentes.

Lazer e educação: a escola como um grande quintal

O termo lazer (do latim *licere*, "ser permitido") não é recente, surgiu na civilização greco-romana já então como o oposto do trabalho. Porém, os termos *tempo livre, recreação* e *lazer* dizem respeito a fenômenos modernos, com raízes nos fatos que marcaram os últimos séculos da história da civilização ocidental. A diversão e o lúdico são traços de todas as sociedades conhecidas, em todas as épocas da história; já o tempo livre é uma conquista moderna, sendo ele o tempo que sobra das obrigações profissionais, escolares e familiares, e lazer é a forma mais buscada de ocupação deste tempo livre, seja para diversão, seja para autodesenvolver-se por meio de conversas, da leitura, do esporte etc. (CAMARGO, 1998).

Ainda segundo Camargo, os conceitos de lazer e recreação em nada se diferenciam do ponto de vista da dinâmica sócio-cultural que produziu o divertir-se moderno. Além disso, o tempo de lazer não é o único tempo em que podemos experimentar momentos felizes.

Segundo Dumazedeir (1973), o lazer pode ser definido como:

> Conjunto de atividades às quais o indivíduo pode entregar-se de livre e espontânea vontade seja para repousar ou ainda para desenvolver sua participação voluntária ou sua livre capacidade criadora após desembaraçar-se de suas obrigações familiares, profissionais ou sociais.

Já para Renato Requixa (1980), o lazer é uma "ocupação não obrigatória, de livre escolha do indivíduo que a vive, e cujos valores propiciam condições de recuperação psicossomática e de desenvolvimento pessoal e social".

Alguns autores consideram o termo recreação no mesmo sentido do lazer ou do jogo, outros consideram a recreação mais um conjunto de atividades culturais às quais o indivíduo se engaja voluntariamente visando seu divertimento em um determinado tempo livre, sendo que, etimologicamente, recreação vem do Latim "recreativo", que significa recriar, restaurar. No senso comum, a recreação, como atividade, está contida no lazer.

Para este estudo, os termos lazer e recreação terão o mesmo sentido, constituído como um fenômeno sócio-cultural que pode ser entendido como um tempo humano, denominado tempo livre, um conjunto de atividades culturais, um comportamento lúdico e um espaço/equipamento. Sendo estes os quatro componentes do lazer, que devem ser conhecidos e trabalhados pelo animador cultural dentro do ambiente escolar.

O termo hospitalidade, segundo Gotman (2001), é fundamentalmente o ato de acolher e prestar serviços a alguém que, por qualquer motivo, esteja fora de seu local de domicílio, sendo que, para a autora, a hospitalidade é uma relação especializada entre dois protagonistas, aquele que recebe e aquele que é recebido, e ocorre em três momentos: dar, receber e retribuir.

O conceito de hospitalidade deve ainda ser entendido, segundo Camargo (2003), através de seus diferentes domínios, tanto os espaços para a hospitalidade (doméstico, público, comercial e virtual), bem como os tempos de hospitalidade (receber, hospedar, alimentar e entreter).

Nas escolas, que são objeto de estudo deste trabalho, a hospitalidade ocorre em um espaço comercial ou público, sendo que, apesar de o receber e o alimentar estarem presentes, o entreter é o mais importante; para tanto, o profissional de turismo pode trabalhar através de viagens, eventos e programas de lazer e cultura a hospitalidade dentro da escola, transformando um espaço em que muitas vezes a hostilidade está presente num grande quintal, onde é possível aprender brincando.

Lazer: características e valores

Ao se estudar o lazer, é fundamental conhecer algumas de suas características ou propriedades, que Camargo (1986) descreve assim:

⇨ **Escolha pessoal ou livre escolha:** entenda-se assim a existência de um tempo precioso em que se pode exercitar com mais criatividade as alternativas de ação ou de participação.

⇨ **Gratuidade ou desinteressado:** o lazer é mais que um ato da rotina profissional quando o individuo está de olho na remuneração, é um tempo em que se pode exercitar mais o fazer-por-fazer, sem que necessariamente haja um ganho financeiro.

⇨ **Prazer:** o caráter hedonista ou prazeroso do lazer significa, para o autor, que em toda escolha de lazer existe o princípio da busca do prazer, mesmo que a atividade se inicie com um esforço para se obter o relaxamento posterior.

⇨ **Liberação:** o lazer é sempre liberatório de obrigações, busca compensar ou substituir algum esforço que a vida social impõe. Assim, o lazer tem como propriedade descarregar as tensões do trabalho e quebrar a rotina diária.

Ao destacar a importância do lazer no mundo contemporâneo, Requixa (1980) nos sugere o duplo aspecto educativo apresentado pelo lazer, que deve ser trabalhado pelos profissionais que atuam neste setor:

⇨ **Educação pelo lazer:** é a educação através das atividades de lazer, sendo o lazer um veículo de educação, pois as atividades de lazer oferecem, em condições ideais, os meios para que o indivíduo exercite o seu poder criativo para si e para o grupo ao qual pertence, desde que se estimulem lazeres cada vez mais ricos em conteúdo e criatividade.

⇨ **Educação para o lazer:** a referência se faz, agora, não mais à educação através das atividades de lazer, mas à preocupação em educar para o lazer, considerando a importância de o homem ser educado para, racionalmente, preparar para si mesmo uma arte de viver em que se equilibrem o lazer, o trabalho e a família.

Na escola, o profissional de turismo deve conhecer e trabalhar com as características, os valores e com o duplo aspecto educativo do lazer na elaboração da programação e no planejamento dos espaços de lazer. É necessário um estímulo para a diversificação e qualidade das atividades de lazer desenvolvidas, mas o papel deste profissional é principalmente criar um ambiente hospitaleiro onde, através de suas atitudes, seja possível transformar o ambiente escolar em um espaço de conhecimento e prazer.

Lazer e tempo livre

Este texto irá considerar tempo livre o tempo que o indivíduo consegue liberar de seu dia após cumprir suas obrigações profissionais (trabalho/lazer), domésticas, familiares, sociais, políticas e religiosas, além de suas necessidades fisiológicas.

Como se viu no início deste capítulo, muitos autores consideram o tempo livre algo fundamental na definição de lazer e o mais importante é ressaltar que o tempo livre vem aumentando principalmente em função da redução das jornadas de trabalho. Segundo Camargo (1998), durante a Revolução Industrial, os trabalhadores que saíram do campo, onde tinham uma jornada de 700 a 1000 horas/ano, passaram a jornadas massacrantes de 3500 horas a 4000 horas anuais e, o que é pior, em ambientes e contexto social artificiais; após muita luta, conseguiram que a jornada fosse reduzida aos atuais patamares de 1800 a 2000 horas por ano.

Por sua vez, De Masi (1999) afirma que o tempo livre já ultrapassou o tempo de trabalho, mesmo que ninguém demonstre ter percebido, porém todos, a escola, a família, o governo, preocupam-se em preparar o ser humano para uma profissão, mas ninguém se preocupa em prepará-lo para o ócio.

Segundo Dumazedier (1973), o tempo livre pode ser classificado em tempo livre diário, de fim de semana, de férias e tempo livre na aposentadoria, sendo que o tempo desocupado está relacionado aos desempregados, presos, doentes e marginais sociais.

A evolução do tempo livre foi de fundamental importância para o crescimento do turismo e da hotelaria, porém o profissional de turismo tem que ter claro que sua função não deve ser apenas "ocupar" o tempo livre, pois não existe lazer se o tempo livre não for acompanhado de uma atitude ou comportamento lúdicos.

Nas escolas, existe uma grande possibilidade de atuação do profissional de turismo em períodos de tempo livre dos alunos, funcionários e da comunidade do entorno, quando, nos finais de semana e nas férias, a escola pode se tornar um grande espaço de lazer.

Os conteúdos culturais do lazer

O lazer deve ser entendido também como atividade, porém é praticamente impossível relacionar uma classificação finita das atividades de lazer e recreação. Uma proposição dessas seria imediatamente contestada pelo conceito de Huizinga (1954), que concebe o comportamento do jogo integrado a todas as demais formas de comportamento humano, porém, no nosso estudo, não utilizaremos a classificação para rotular as atividades, mas para mostrar a importância da diversificação dos interesses do lazer.

Para tanto, Dumazedier (1980) apresenta uma proposta de classificação enraizada na sensibilidade do indivíduo e na cultura popular, e, neste sentido, o autor apresenta cinco principais interesses no lazer, cujo conteúdo sintetizamos a seguir:

➪ **Interesses sociais:** O autor considera que esses interesses permeiam todos os demais, na medida em que as próprias atividades propiciam o enriquecimento das relações interpessoais, além do desenvolvimento de grupos de interesse, tais como: clubes de esporte, clubes de foto, grupos de dança etc. Como formas mais específicas de atividades sociais no lazer, ele relaciona o "bate-papo", encontros, festas e bailes, nos quais as relações sociais não estão motivadas necessariamente por outras atividades de lazer.

➪ **Interesses intelectuais:** São atividades definidas pelo interesse predominante do indivíduo em se atualizar ou adquirir novos conhecimentos sobre qualquer assunto do seu interesse. Essas atividades podem ser desenvolvidas através de leituras, debates, encontros, grupos de estudo ou através de programas de TV, rádio e cinema, nos quais o conteúdo dominante é a difusão ou o debate de conhecimentos vinculados à cultura científica ou popular de qualquer assunto do interesse do indivíduo.

➪ **Interesses artísticos:** São as atividades definidas pelo interesse predominante do indivíduo em desenvolver habilidades e sensibilidade estética. As atividades podem estar estruturadas como de formação (aprender o canto, um instrumento musical, como usar um aparelho de vídeo ou foto etc.) ou estruturadas como transmissões (TV, cinema, rádio, aparelhos de som etc.) ou ainda como exposições, apresentações e espetáculos de participação "ao vivo". Eles podem se referir às atividades de artes consideradas mais clássicas, tais como pintura, desenho, fotografia, teatro, cinema ou as diversas formas de artes integradas à cultura popular (artesanato, danças, música, circo, mágicas, esportes etc.).

➪ **Interesses manuais:** Nesta categoria de interesses, segundo o autor, podem ser incluídas, entre outras, as atividades de bricolagem (consertos, reparos e construção de objetos e utensílios domésticos), cultivo de plantas e flores, animais, culinária entre amigos e familiares, além de trabalhos manuais, tais como pintura de tecidos, crochê, tricô etc., destituídos do interesse econômico imediato.

⇨ **Interesses físicos:** Segundo o autor, são atividades definidas pelo interesse predominante no desenvolvimento de uma cultura do corpo e do movimento. Essas atividades podem estar estruturadas como práticas (aprender um esporte, passear de bicicleta, jogar futebol com amigos, desenvolver a expressão corporal pela dança etc.) ou atividades de informação ou participação em espetáculos (leitura de jornais, revistas, espetáculos de esporte pela TV ou nos estádios). Em princípio, se incluem nesta categoria de interesses todas as atividades de predominância física, tais como esportes, esportes adaptados, ginásticas, danças, jogos e atividades físicas de exploração da natureza.

A partir da classificação acima é possível perceber as inúmeras possibilidades de programas de lazer e cultura que podem ser organizados dentro do ambiente escolar, através de atividades diversificadas que estimulem todas as possibilidades lúdicas dos alunos, professores e da comunidade.

A atuação do profissional de turismo na escola

O profissional de turismo tem uma gama de possibilidades de atuação na escola, principalmente trabalhando com viagens, eventos e principalmente como animador cultural na área de lazer.

Muitas destas atividades já acontecem na escola, mas são organizadas por empresas terceirizadas ou por profissionais sem formação específica para sua realização. Dentre as inúmeras possibilidades de atuação é possível destacar:

Viagens pedagógicas e formaturas: Este segmento do turismo vem se expandindo muito nos últimos anos, e isso pode ser comprovado pela quantidade de empresas que se especializaram em estudo do meio para escolas e principalmente pelo crescimento de algumas empresas especializadas em formatura.

A grande questão não é a utilização de serviços terceirizados, mas a não participação e muitas vezes a omissão da escola na organização dessas atividades.

Por isso, o animador cultural poderia ser o elo entre as escolas e as empresas terceirizadas, definindo quais as melhores viagens de estudo do meio após conhecer o perfil da escola, seu conteúdo programático e seus alunos e professores, oferecendo programas que contribuam com a formação dos alunos e que tenham começo, meio e fim.

Nas viagens de formatura das escolas o profissional de turismo poderia ter uma atuação muito mais dinâmica, definindo quais as empresas mais sérias, quais os roteiros mais interessantes para aliar educação, festa e integração.

Hoje, o que se vê no mercado é que muitas escolas fecham as portas para essas empresas, os alunos definem pacotes por conta própria sem a participação de nenhum professor na viagem e muitos grupos vão a praias e locais de veraneio onde abusam das bebidas alcoólicas.

Planejamento de eventos: Hoje, muitas escolas organizam uma diversidade de eventos para seus alunos e comunidade, como festas juninas, dia das mães, dos pais, torneios esportivos, eventos culturais, mas essas atividades geralmente são planejadas por profissionais que não possuem requisitos técnicos para a realização de tais eventos.

Um animador cultural na escola poderá ser o responsável pela organização destes eventos através de uma gestão participativa de alunos, pais e comunidade, sendo que o profissional, por ter conhecimentos técnicos, não iria apenas se preocupar com a execução do evento, mas com seu planejamento e avaliação.

A partir dessa gestão mais profissional, toda escola teria um calendário anual de eventos, que poderiam ser mais que atividades de integração, mas uma forma de divulgar a escola ou ainda uma poderosa fonte de recursos financeiros para a instituição.

O lúdico e a educação: Apesar de as atividades de viagens e eventos serem muito importantes, a principal função do animador cultural na escola é transformá-la num ambiente mais lúdico, no qual as crianças tenham prazer de estudar e de cuja vida a comunidade faça parte. Para isso, algumas ações podem implantadas:

A **pedagogia da animação** deve fazer parte das estratégias de aula de todos os professores; para tanto, o animador deve organizar treinamentos com o corpo docente para mostrar como é possível a utilização de jogos como instrumento de aprendizagem.

Os **intervalos animados** da escola poderão, através de equipamentos e jogos, atividades de lazer ou ainda de pequenos eventos organizados pelo animador cultural, tornar os intervalos um espaço de integração, educação e de vivências culturais.

A **Escola Aberta** permite a abertura da escola no final do dia, finais de semana e férias, para a realização de cursos e atividades de lazer em diversas áreas: esportiva, artística, intelectual e social.

A partir dessas atividades, a comunidade se sentiria parte do ambiente escolar, além de ser uma maneira de educar as pessoas para o lazer, pois o animador cultural, responsável por esta atividade, iria desenvolver programas diferenciados que teriam uma riqueza e ampla diversidade cultural.

Considerações finais

Para este segmento ser aberto para o profissional de turismo é fundamental que o curso de Turismo tenha na formação de seus alunos as disciplinas que facilitem a formação deste animador cultural. Hoje, depois de muita briga, o Sesc aceita que profissionais de turismo sejam contratados como animadores cultuais.

O perfil do profissional, para Camargo (1998), deve ter as seguintes características:

⇨ Polivalência cultural, ou seja, um conhecimento pelo menos elementar dos diferentes campos de ação cultural e das diferentes técnicas de trabalho; mesmo os animadores especializados numa determinada prática cultural (ginástica, dança, música, cinema etc.) necessitam dessa polivalência.

⇨ Conhecimento sobre as peculiaridades de participação dos diferentes públicos do ponto de vista do sexo, da faixa etária, da classe socioeconômica ou sócio-cultural.

⇨ Capacidade para montar e coordenar equipes com profissionais de variada formação ou origem.

⇨ Conhecimentos sobre formatação financeira de projetos, sobre estudos de viabilidade econômico-financeira, sobre a definição de ponto de equilíbrio financeiro de projetos.

⇨ Consciência das sutilezas de espaço físico e das diferentes respostas que podem provocar em diferentes públicos.

⇨ Informação sobre tipos e formas de abordagem de outras instituições públicas e privadas que possam associar-se à programação.

A partir desta análise é possível perceber como este segmento pode ser uma grande área de atuação para os profissionais de turismo, que poderão, além de ter uma possibilidade de atuação profissional, contribuir com uma formação de alunos mais felizes.

Referências

BRAMANTE, Antonio Carlos. "Lazer: concepções e significados", *Licere,* Belo Horizonte, v. 1, n. 1, p. 9-17, set. 1998.

BRUNHS, Heloísa T. (org.) *Introdução aos estudos do lazer.* Campinas: UNICAMP, 1997.

CAILLOIS, Roger. *Os jogos e os homens.* Lisboa: Cotovia,1990.

CAMARGO, Luiz Octávio de L. *O que é lazer.* São Paulo: Brasiliense, 1986.

CAMARGO, Luiz Octávio de L. *Educação para o lazer.* São Paulo: Moderna, 1998.

CAMARGO, Luiz Octávio de L. *Hospitalidade.* São Paulo: Aleph, 2004.

DE MASI, Domênico. *O futuro do trabalho.* Brasília: José Olympio, 1999.

DIAS, Célia (org). *Hospitalidade:* reflexões e perspectiva.São Paulo: Manole, 2002.

DUMAZEDIER, Joffre. *Lazer e cultura popular.* São Paulo: Perspectiva, 1974.

DUMAZEDIER, Joffre. *Sociologia empírica do lazer.* São Paulo: Perspectiva, 1978.

DUMAZEDIER, Joffre.*Planejamento de lazer no Brasil.* São Paulo: Sesc, 1980.

HUIZINGA, Johan. *Homo ludens.* São Paulo: Perspectiva, 1974.

MARCELLINO, Nelson C. (org.) *Lazer:* formação e atuação profissional. Campinas: Papirus, 1995.

REQUIXA, Renato. *Sugestão de diretrizes para uma política nacional de lazer.* São Paulo: Sesc, 1980.

WALKER, John. *Introdução à hospitalidade.* Barueri: Manole, 2002.

WERNECK, Christiane. *Lazer, trabalho e educação:* relações históricas, questões contemporâneas. Belo Horizonte: UFMG, 2000.

Estratégias de visitação dos parques de diversões brasileiros em comparação aos parques da Disney

SÍLVIA BARRETO VALENTE

Você pode sonhar, criar, desenhar e construir o lugar mais maravilhoso do mundo... Mas é necessário ter pessoas para transformar seu sonho em realidade...
(WALT DISNEY)

➡ **Este artigo** analisa as principais dificuldades encontradas pelos parques de diversões brasileiros em atraírem visitantes. Os parques da Disney são utilizados como comparação por serem mundialmente reconhecidos como referência de qualidade nesta área de atuação. Este texto baseia-se na dissertação de mestrado da autora, defendida na Escola de Comunicações e Artes da Universidade de São Paulo, a qual utilizou-se de entrevistas com especialistas brasileiros desta indústria para pautar suas conclusões.

Introdução

Este artigo baseia-se na dissertação de mestrado intitulada "Análise da visitação dos parques de diversões brasileiros como opção de lazer", defendida no ano de 2006 na Escola de Comunicações e Artes da Universidade de São Paulo, sob a orientação da professora Dra. Beatriz Helena Gelas Lage.

Trata-se de um estudo comparativo sobre a visitação dos parques de diversões brasileiros com os parques da Disney, uma indústria que, longe de atingir sua maturidade, busca-se afirmar como uma interessante opção de lazer atualmente disponível aos brasileiros.

A título de um esclarecimento metodológico, vale dizer que a coleta de dados para o desenvolvimento deste estudo foi obtida através de entrevistas semiestruturadas realizadas entre os anos de 2005 e 2006. Os entrevistados foram os senhores Gyorgy Galfi[1], Jorge Vernaglia[2], Francisco Lopes[3] e Alain Baldacci[4].

O intuito de usar a Disney como referência de análise para o mercado de lazer e entretenimento não é uma novidade, pois a chamada indústria dos sonhos e magia nunca mais foi a mesma desde que, em 1955, um empresário visionário chamado Walter Elias Disney revolucionou a indústria do entretenimento com a criação do primeiro de seus parques de diversões, a Disneyland. E a magia em torno dos parques da Disney é muito grande. Até hoje, esses parques balizam a criação e operação dos empreendimentos de entretenimento em todo o mundo, inclusive no Brasil.

Todos os entrevistados foram unânimes em afirmar que a Disney é padrão mundial de qualidade nessa área e referência para os brasileiros,

---

1 Gyorgy Galfi: Ocupa o cargo de Diretor Executivo da ADIBRA (Associação Brasileira dos Parques de Diversões). Representante nacional da IAAPA (*International Association of Amusement Parks and Attractions* ou Associação Internacional da Indústria dos Parques de Diversões). Ex-diretor de operações do Playcenter e Playland entre 1984 e 1991. Diretor Executivo do Parque do Gugu. Diretor Geral do Playcenter de 2003 a 2004. Consultor de gestão empresarial para a indústria da Hospitalidade. Um dos seus últimos trabalhos foi como consultor de inauguração do parque O Mundo da Xuxa.

2 Jorge Vernaglia: Engenheiro civil, líder de projeto da implantação e construção do Parque Hopi Hari. Diretor-geral de operações desse parque durante oito meses, no período chamado de *start-up*, ou seja, de início das operações. Consultor de empresas e sócio de uma empresa de engenharia e gestão.

3 Francisco Lopes: Engenheiro eletricista e administrador de empresas. MBA (Executivo Internacional) pela FIA-USP. Trabalhou vários anos em indústrias, implantando a ISO 9000. Depois trabalhou no grupo Iguatemi, responsável pela implantação de todos os parques da rede Fantasy Place no Brasil. Foi convidado pelo próprio Maurício de Sousa a assumir a direção do Parque da Mônica, onde ficou de 1998 a 2005. Foi também presidente da ADIBRA por quatro anos e ainda é vice-presidente do SINDEPAT.

4 Alain Baldacci: Engenheiro civil de formação. Proprietário de uma empresa na área de lazer chamada Interplay, pioneira na instalação de parques em shopping centers, como o Playland, com a expansão na área do Nordeste. Em 1991, trouxe a representação do Wet´n Wild para o Brasil, fazendo projetos para Salvador, Rio de Janeiro, Ribeirão Preto e São Paulo. Participou também do planejamento do antigo Parque do Gugu, entre outros projetos. Presidente do Conselho Mundial da IAAPA. Fundou a Associação Brasileira (ADIBRA) e do México em 1989, sendo seu presidente de 1992 a 1996. Em 2001 assumiu a presidência da Associação Mundial (IAAPA). Em 2003 fundou o SINDEPAT (Sindicato Nacional de Parques e Atrações Turísticas).

mesmo com realidades tão distintas. Baldacci complementou dizendo que "o nível de excelência e o nível de conceito que Disney desenvolveu há mais de 50 anos tornaram-se paradigma para a indústria mundial".

E se Disney é o parâmetro máximo de comparação, é importante conhecer um pouco melhor de seu histórico e atuação. Especialistas na área são também unânimes em dizer que compreender a figura de Walt Disney como empresário que vislumbrou todo seu império é fundamental para entender o sucesso de seus parques. Galfi, inclusive, o chama de "guru".

Breve retrospecto de um visionário chamado Walt Disney

Walt Disney nasceu em 1901, em Chicago, nos Estados Unidos. Foi desenhista, produtor e diretor de desenhos animados. "Branca de Neve e os Sete Anões", de 1937, foi o primeiro desenho animado de longa metragem da história, mas Walt Disney ganhou fama mesmo com a criação de Mickey Mouse[5], o seu personagem mais famoso.

"No caso de Walt Disney, fica claro que ele usou sua imaginação e seu talento pessoal para criar a Disney" (COLLINS, PORRAS, 1995, p. 67). Sua dedicação e empenho à empresa perduraram durante toda sua vida, e por isso mesmo havia uma preocupação muito grande com o legado da empresa. Tais autores afirmam que: "Walt ia morrer, mas a capacidade da Disney de alegrar as pessoas, deixar as crianças felizes, causar risos e lágrimas, não morreria junto" (COLLINS, PORRAS, 1995, p. 68).

A figura de Walt Disney foi muito carismática e é ainda hoje usada na empresa como modelo e referência, pois na verdade todo esse império surgiu em função da história de sua vida. Disneyland nada mais é que a Terra de Disney (numa tradução literal), em que ele recriou os locais mais importantes e marcantes onde viveu, principalmente durante sua infância. Por exemplo, o trenzinho que circula no parque Magic Kingdom (Reino Encantado) é uma pequena réplica do trem que passava por sua cidade natal, Marceline.

---

5 A criação do personagem Mickey Mouse tem uma história curiosa. Conta a lenda que Disney se inspirou num pequeno rato que habitava seu apartamento alugado quando, durante certo tempo, morou em Nova York, tentando se estabelecer como desenhista. Esse rato alimentava-se de restos de comida e era quem lhe fazia companhia durante uma fase sombria de sua vida. Ele viu nesse animal a inspiração para criar o Mickey Mouse e assim criar todo o seu império.

Uma prova da importância que se dá para a criação da magia é o fato de a empresa possuir um departamento chamado de Imagineering Division, união das palavras *imagination* (imaginação) e *engineering* (engenharia), responsável pela construção e design arquitetônico dos parques.

A Disney como referência mundial da indústria de entretenimento

Depois da Disney, todos os demais parques tentaram copiar a ideia da tematização, procurando "vestir" (termo usado por Vernaglia) um tema em suas atrações, o que em muitos casos, citando o Hopi Hari como exemplo, não surtiu o efeito desejado, pois essa narrativa adotada ao parque foi inventada sem base num personagem ou fato conhecido pelo público. E como não existe uma ligação, um apelo emocional, como nos parques da Disney, a tematização perde sentido e importância. Alcobia (2004), em sua pesquisa de mestrado sobre o Hopi Hari, confirma essa premissa ao detectar que "somente 33% dos entrevistados conheciam os personagens do Parque Hopi Hari, que são os personagens do Vila Sésamo, na área da Infantasia"[6] (ALCOBIA, 2004, p. 104).

Vernaglia fala com a propriedade de um profissional que acompanhou a construção e operação do Hopi Hari nos primeiros oito meses de sua implantação. Ele afirma que tal projeto é o melhor exemplo brasileiro que buscou contextualizar e dar conceito a um parque. O problema, disse ele, é que todas as suas atrações foram compradas de uma empresa já com típicas áreas de parques americanos, como o Velho Oeste, que pouca relação têm com a cultura brasileira, e áreas que, ainda segundo Vernaglia, mal se "comunicam" entre si. E quando o consumidor não se identifica ou não reconhece a tematização de um parque, essa estratégia não desencadeia o efeito desejado em termos de mercado, que é o de agregar conceito e, consequentemente, atrair mais público.

De acordo com Vernaglia, existe no Brasil potencial de construção de parques temáticos usando-se, por exemplo, as figuras de Maurício de Sousa e de Monteiro Lobato, devido ao fato de estarem muito próximas e vivas na cultura brasileira, e porque possuem um vasto manancial de persona-

---

6 Infantasia é o nome da área dedicada a atrações infantis dentro do parque Hopi Hari.

gens que podem ser explorados em diferentes atrações. Esse especialista lembra que a presença na mídia é um fator preponderante para deixar os personagens "vivos" na mente das pessoas. O próprio Walt Disney tinha um programa de televisão que passava no mundo inteiro, chamado Disneylândia e que ele mesmo apresentava, e fez com que gerações e gerações conhecessem seus parques e tivessem vontade de visitá-los.

Outra ideia de Walt Disney, que também foi copiada, era a de criar um parque voltado às famílias, possibilitando que pais e filhos brincassem juntos. Além disso, ao contrário dos parques de diversões de seu tempo, deveria ser limpo e seguro, e, mais do que isso, sua intenção era a de fornecer momentos de fantasia, além da diversão aos visitantes. Para que esse sonho fosse viabilizado, Disney acreditava que os visitantes não podiam ter contato nenhum com o mundo exterior, o mundo real, para que a fantasia não fosse quebrada enquanto estavam dentro dos parques.

Assim, a fórmula de sucesso dos parques temáticos da Disney foi criada: muita importância ao paisagismo, ambientes impecavelmente limpos, investimentos em moderna tecnologia, funcionários atenciosos e, principalmente, toda magia e encanto de seus personagens em todas as atrações, distribuídas num imenso cenário, transportando os visitantes a outro tempo e lugar. Numa linguagem mais mercadológica, a intenção é a de proporcionar tantas sensações que as pessoas percam a noção de tempo, ficando assim mais tempo nos parques, logo consumindo mais[7].

O negócio de vender "magia"

Lopes acredita que, além do padrão de qualidade superior, os parques da Disney têm a "magia" que outras empresas não têm, afirmação que corrobora as convicções de Vernaglia. E, dentro desse contexto, cabe a seguinte afirmação, que relaciona a estratégia da criação de um ambiente de magia nos parques temáticos como uma forma de oferecer hospitalidade aos visitantes:

---

7 É válido destacar que essa fórmula de negócios funcionou tão bem nos Estados Unidos que foi adotada por outros empreendimentos. Um dos exemplos mais notórios provavelmente são os cassinos localizados na cidade de Las Vegas, no estado de Nevada, popularmente conhecidos como parques de diversões de adultos. Isso porque esses cassinos oferecem uma gama tão grande de atrações que os turistas perdem a noção real de tempo quando ali estão. Dessa forma, acabam ficando mais tempo e consumindo mais.

Percebe-se que realmente se trabalha com **magia** em um parque temático: uma palavra não muito utilizada no mundo de negócios, nem no acadêmico. Mas é sobretudo isso que o parque temático vende – essa magia diluída em todos os fatores que compõem as sensações da hospitalidade. Pode-se até fazer uma correlação entre as duas palavras – magia sendo sinônimo de hospitalidade (ALCOBIA, 2004, p. 114).

Para Connellan (1998), o encantamento em torno dos parques da Disney existe justamente porque a magia é levada a sério nessa empresa, a qual afirma ter obsessão pelos detalhes. "Walt Disney é o exemplo mais bem-acabado de alguém que ousou sonhar" (CONNELLAN, 1998, p. 5). Cita ainda, este autor, diversos exemplos de detalhes que fazem a diferença e estão presentes em todos os parques da Disney. A ideia apresentada por ele, defendida pelos dirigentes desses empreendimentos, é a de que, se o visitante tiver algo novo para descobrir todas as vezes que visitar o parque, estaria ainda mais disposto a retornar.

Exemplo inusitado dessa preocupação por detalhes é o fato de que a tinta dourada usada para pintar o carrossel do famoso parque Magic Kingdom (ou Reino Encantado) é à base de pó de ouro de 23k. Ou o fato de que os tecidos usados numa determinada atração de cunho histórico são fabricados usando-se velhos métodos, bem como os pontos usados para costurá-los. Essas questões ajudam a entender por que os parques da Disney são referência em qualidade nessa área (CONNELLAN, 1998).

Entretanto, conforme lembrou Vernaglia, quando o Hopi Hari foi inaugurado, suas equipes também faziam uma manutenção diária, consertando e preocupando-se com pequenos detalhes, e por isso, quando esse parque abriu, estava num nível muito alto de excelência em termos de padrões internacionais. Hoje, entretanto, acredita que está num nível de 70% do que poderia ser considerado um nível de excelência, e a principal explicação para essa questão é simples: economia.

Isto é, quando um parque precisa cortar gastos, essa economia acaba refletindo-se na qualidade, pois alguns itens são privilegiados em detrimento de outros. Os dirigentes dos parques brasileiros têm consciência e desejam manter seus parques impecáveis, mas em função de um orçamento mais enxuto, precisam fazer escolhas. Deste modo, por exemplo, preferem investir na manutenção operacional garantindo a segurança das atrações do que investir na pintura ou cuidado diário dos jardins. "Economiza-se onde a percepção do brasileiro não é grande" (VERNAGLIA).

Corroborando essa visão dos negócios regendo uma organização, cabe a seguinte afirmação de Alcobia (2004):

> Só que não se pode esquecer que um parque temático é um empreendimento baseado na magia e na fantasia. É óbvio que o principal motivo para o parque temático existir é porque atrás dele existe uma corporação que visa o lucro com seus negócios. E se o fundador queria um ambiente seguro, limpo e organizado para que seus convidados se divertissem, esquecessem um pouco da vida externa, a corporação atendeu a seus pedidos. Mesmo que os fatores subliminares do negócio, de gerar lucro, estejam comandando tudo. (ALCOBIA, 2004, p. 21)

É importante destacar que, como raciocina Nader (2003), uma das principais razões do sucesso dos parques da Disney está no fato de que existe uma poderosa indústria cinematográfica muito atuante e forte, e que dá sustentação e principalmente perpetua a fantasia e encantamento dos personagens. Além disso, são milhares de produtos de merchandising[8] comercializados em todo o mundo, o que reforça as marcas e, mais, garante que os personagens sejam conhecidos de geração em geração. Essa estudiosa da Disney apresenta os seguintes dados:

> A Disney Consumer Products controla, só nos Estados Unidos, quase três mil empresas que fabricam mais de quatorze mil produtos licenciados em mais de cinquenta países, com uma venda anual de US$ 300 milhões e em constante crescimento (NADER, 2003, p. 67).

Para reforçar essa tese da amplitude e inter-relacionamento dos negócios da Disney, bem como de outras grandes empresas no setor, como a Universal, que se beneficiam de um estúdio cinematográfico para dar sustentação aos seus parques, vale lembrar que:

> A matéria-prima principal dessas grandes corporações é o "conteúdo" por elas criado ou licenciado: um conjunto de marcas, personagens (reais ou

---

8 É importante destacar que a estratégia de merchandising utilizada, muito eficiente, é que na saída de todas as atrações dos parques da Disney o visitante obrigatoriamente depara-se com uma loja que vende uma enorme quantidade de produtos confeccionados usando aquela atração como tema. Assim, incentiva-se a compra através do impulso, já que o consumidor ainda envolvido emocionalmente com aquela atração tem uma propensão muito maior a gastar, gerando uma enorme receita à operação do negócio.

fantásticos) e histórias que são continuamente materializadas em diversas linhas de negócios, na forma de produtos e serviços que promovem continuamente uns aos outros (SALOMÃO, 2000, p. 15).

Aliás, cabe dizer que a Disney já construiu parques de diversões, além de nos estados da Flórida e da Califórnia nos Estados Unidos, na França, China e Japão, numa clara estratégia de expandir negócios e de disseminar a cultura norte-americana em vários lugares do planeta. Com exceção da EuroDisney, na França, que teve muitos problemas durante o período de sua implantação, os parques na China e no Japão dão um resultado muito positivo à empresa. Aliás, o sucesso desses parques é tão grande que fez com que a empresa estudasse a criação de mais parques nesses dois países, como esclarece Nader (2003):

> O parque japonês, por exemplo, a Tóquio Disneylândia, é o que mais recebe visitantes entre todos eles, com 17,4 milhões de turistas, 2,2 milhões a mais que o Magic Kingdom na Flórida, que nos Estados Unidos é campeão de público por três anos consecutivos. No total, os cinquenta maiores parques nos Estados Unidos receberam juntos, em 1999, 170,5 milhões de pessoas (NADER, 2003, p. 92).

Outro ponto que merece destaque com relação aos ensinamentos da Disney, e que foi especialmente citado por Galfi, é que o negócio de parques de diversões é um negócio de pessoas. Esse argumento é comprovado a partir do estudo da apostila Disney Traditions[9], utilizada pela Disney University, empresa criada pelo grupo Disney para treinamento dos funcionários, ou como eles preferem chamar-se, dos membros de elenco (tradução para o nome em inglês *cast members*).

---

9 Segundo essa apostila, sete são as diretrizes para o atendimento aos visitantes: Preserve a experiência "mágica" do visitante (Preserve the "magical" guest experience); Mantenha contato visual e sorria (Make eye contact and smile); Cumprimente e dê as boas-vindas a todo e qualquer visitante (Greet and welcome each and every guest); Procure contato com o visitante (Seek out guest contact); Forneça serviço de reparo imediato (Provide immediate service recovery); Mostre uma linguagem corporal apropriada todo o tempo (Display appropriate body language at all times); Agradeça a todo e qualquer visitante (Thank each and every guest).

Recursos humanos como diferencial competitivo

A Disney acredita que, a cada vez que um parque de diversões abre suas portas, os visitantes devem ser transportados para esse mundo de magia que foi concebido como um grande espetáculo. Para isso, cada funcionário deve se comportar como um membro do elenco desse show. Por isso, dedica grande atenção ao processo de seleção, recrutamento e treinamento dos funcionários. A seguinte frase extraída dessa apostila citada confirma a visão da empresa: "Você pode sonhar, criar, desenhar e construir o mais maravilhoso local no mundo... mas ele necessita de pessoas para transformar o sonho em realidade".[10] Outra frase interessante encontrada é quando os funcionários afirmam: "Você faz a magia!"[11]. Nader (2003) complementa demonstrando a preocupação da Disney com seu staff:

> A Disney ainda foi pioneira no emprego de fibras óticas e sistemas computadorizados de grande porte, mas o grande destaque nos projetos dos parques da Disney, e que começou com a Disneyworld, inaugurada em 1971, foi a construção de túneis subterrâneos especialmente desenhados para reunir áreas operacionais e de manutenção (NADER, 2003, p. 40).

Conforme a autora, embaixo desses parques existe uma enorme infraestrutura, como a de qualquer grande empresa. É como se o parque estivesse no segundo andar de um edifício, e no primeiro funcionasse essa parte administrativa. Entretanto, o principal objetivo dessa estrutura é garantir que o visitante não tenha nenhum contato com a realidade enquanto aproveita seu dia no parque, para não quebrar a magia. Os "membros do elenco" entram nos parques através de passagens secretas, imperceptíveis ao público. Destaca-se também o figurino dessa empresa, considerado um dos maiores e mais completos do mundo, como ainda destaca Nader (2003):

> Mas a principal revolução introduzida foi a ênfase no treinamento e formação interna de seus funcionários. Com a criação da Disney University, a empresa criou um padrão de qualidade de prestação de serviços que se tornou modelo

---

10 Tradução livre para fins da pesquisa da frase: *You can dream, create, design and build the most wonderful place in the world...but it requires people to make the dream a reality.*
11 Tradução livre para fins da pesquisa da frase: *You make the magic!*

para todos os setores intensivos de mão de obra em todo o mundo (NADER, 2003, p. 41).

Por outro lado, mesmo com tanta atenção ao treinamento, a dura realidade de um trabalho repetitivo, do cansaço físico, do trabalho em finais de semana e feriados, dos problemas de saúde, todos esses fatores podem comprometer a "magia". Vernaglia pondera que muitos dos trabalhadores da Disney são imigrantes e aposentados que, por falta de opção e necessidade, sujeitam-se a salários mais baixos, criando um problema salarial grave na cidade de Orlando, mas essas questões ficam quase sempre encobertas. Acredita que, para algumas funções, é possível transformar o funcionário em personagem, mas para outras, como um "chapeiro"[12], fica mais difícil, tornando o sorriso necessário um grande desafio.

Galfi defende a opinião de que, em primeiro lugar, é necessária uma automotivação. É preciso, segundo esse especialista, que o funcionário goste de gente, de interagir, de relações humanas, pois nenhuma atividade humana funciona sem entusiasmo e comprometimento. Entretanto, para Galfi, há carência no Brasil de profissionais comprometidos, com amor à sua profissão e com conhecimento profundo de seu serviço. Na opinião de outro autor:

> Ainda na sua infância, a indústria de parques enfrenta uma séria dificuldade: a falta de profissionais qualificados para gerenciar e operar os empreendimentos que estão em fase embrionária. Enquanto nos Estados Unidos existem cerca de 500 cursos de graduação em lazer e algo em torno de 250 cursos de pós-graduação nessa área, há escassez de instrumentos que permitam o desenvolvimento de conhecimento científico de lazer em território nacional (SALOMÃO, 2000, p. 97).

É preciso considerar que, para se atingir um nível de excelência de prestação de serviços de acordo com os padrões da Disney, a carga de treinamento deve ser elevada pois, como ressaltou Lopes, a rotatividade é alta e a maioria dos trabalhadores de parques de diversões no Brasil é composta de jovens em seu primeiro emprego. Eles precisam de bastante treinamento e treinamento custa caro, pois deve ser constante para surtir resultado;

---

12 Nome dado ao funcionário que exerce, na lanchonete, a função de cuidar da chapa que frita os hambúrgueres, daí o nome popular de chapeiro.

todavia, infelizmente, é um dos primeiros itens que os executivos cortam quando precisam reduzir gastos.

O comprometimento do funcionário surge a partir do momento em que sente que faz parte de uma organização próspera, quando é adequadamente remunerado e, principalmente, quando percebe que pode fazer a diferença em transformar um dia num parque de diversões numa das experiências mais agradáveis na vida de um visitante.

Assim, pode-se dizer que um dos principais entraves para o desenvolvimento dos parques de diversões brasileiros seja de ordem financeira, que por sua vez acaba refletindo na remuneração e contratação da mão de obra. Por isso, não é possível acreditar que o brasileiro seja menos capaz profissionalmente que outros povos.

Ao contrário, o brasileiro tem características de criatividade, simpatia, flexibilidade, ou seja, tende a ser bastante hospitaleiro, o que é essencial para esse negócio. Além disso, é fato também que todos os anos centenas de estudantes brasileiros, principalmente dos cursos de Turismo, vão trabalhar na Disney por alguns meses. Isso faz parte de um programa internacional daquela empresa, e a maioria desses estudantes participa desse programa como uma forma de ter uma vivência profissional internacional, mas quando voltam não trabalham em parques no Brasil devido principalmente à baixa remuneração.

Considerações finais

Esse artigo ponderou que a Disney é reconhecida como a principal referência mundial na área de parques de diversões, inclusive no Brasil. É o padrão máximo de qualidade na prestação de serviços a ser alcançado pelos gestores desses empreendimentos.

Entretanto, ao se estudar a filosofia que rege a organização Disney e seu histórico atrelado à figura genial de seu criador, Walt Disney, é possível afirmar que os parques da Disney não podem ser usados como comparação para o Brasil, seja em termos de projeto como de infraestrutura e principalmente no que se refere à sua "magia" e "encantamento", dois termos subjetivos em termos de negócios e na área acadêmica, portanto, difíceis de serem conceituados, mas certamente fundamentais para o sucesso dos parques de diversões, principalmente os temáticos. Entretanto, além disso, a Disney também possui uma forte e poderosa indústria cinematográfica que dá sustentação aos seus negócios. Em outras palavras: os parques da Disney não sobrevivem somente da renda dos próprios parques, e sim de toda a corporação que os sustenta.

Os parques brasileiros parecem reconhecer a necessidade de se criar essa imagem mental do encantamento nos visitantes, visto que o Hopi Hari é descrito como "o país da alegria, da diversão e da aventura", o sonho de Maurício de Sousa que impulsionou a construção do Parque da Mônica foi o de recuperar o que descreveu como o seu quintal perdido e Xuxa afirma que seu parque nasceu de um sonho. Além disso, no Brasil reconhece-se também a importância da qualidade do bom atendimento, do treinamento dos funcionários, de um projeto arrojado, mas não se faz nada disso principalmente por questões de ordem financeira.

Portanto, todos aqueles que quiserem se aprofundar no estudo desse tema devem ter a cautela de reconhecer que o mundo encantado da Disney faz parte de uma poderosa indústria do entretenimento sem muitas referências próximas. Utilizá-lo como parâmetro único para entender o mercado de diversões brasileiro certamente os fará incorrer em muitos erros e superficialidades.

Referências

ALCOBIA, Rodrigo Araújo. *Dimensões da hospitalidade nos parques temáticos*. São Paulo, 2004. 128f. Dissertação de Mestrado apresentada à Universidade Anhembi Morumbi.

COLLINS, James; PORRAS, Jerry. *Feitas para Durar*: práticas bem-sucedidas de empresas visionárias. Rio de Janeiro: Rocco, 1995.

CONNELLAN, Tom. *Nos bastidores da Disney*: os segredos do sucesso da mais poderosa empresa de diversões do mundo. São Paulo: Futura, 1998.

DUMAZEDIER, Joffre. *Sociologia empírica do lazer*. São Paulo: Perspectiva/SESC, 1999.

EMBRATUR – Empresa Brasileira de Viagens e Turismo. *Estudo econômico-financeiro dos meios de hospedagem e parques temáticos no Brasil*. Brasília: FADE-UFPE, s.n., 1998.

GARCIA, Erivelto Busto. "Ação cultural, espaços lúdicos e brinquedos interativos", *In*: MIRANDA, Danilo Santos. (org.) *O parque e a arquitetura*: uma proposta lúdica. 2. ed. Campinas: Papirus, 1996.

KRIPPENDORF, Jost. *Sociologia do Turismo*: para uma nova compreensão do lazer e das viagens. São Paulo: Aleph, 2001.

NADER, Ginha. *Walt Disney, um século de sonho:* as organizações Disney, gestão empresarial, excelência e qualidade. 2 ed. São Paulo: Senac, 2003.

PELEGRIN, Ana de. "Equipamento de lazer e espaço de lazer", *In:* GOMES, Christianne Luce (Org.). *Dicionário crítico do lazer.* Belo Horizonte: Autêntica, 2004.

PARQUES TEMÁTICOS. *Legislação, investimento e mercado:* centro de estudos das Américas. Rio de Janeiro: Signo Grapho, 1998.

PARKER, Stanley. *A sociologia do lazer.* Rio de Janeiro: Zahar, 1978.

RODRIGUES, A. M. A. *Estudo de metodologias para formatação de empreendimentos voltados para o segmento de parques temáticos.* São Paulo, 2004, 131f. Dissertação de Mestrado apresentada à Faculdade de Engenharia, Universidade de São Paulo.

SALOMÃO, Marcelo. *Parques de diversões no Brasil:* entretenimento, consumo e negócios. Rio de Janeiro: Mauad, 2000.

SANDOVAL, Oscar R. D. S. *Contribuição ao estudo da gestão de operações em serviços de entretenimento:* os parques de diversões e temáticos. São Paulo, 1999, 140f. Dissertação de Mestrado apresentada à Faculdade de Economia e Administração, Universidade de São Paulo.

TRIGO, Luiz Gonzaga Godói. *Entretenimento:* uma análise cultural e econômica. São Paulo, 2003, 142 f. Tese de Livre-docência apresentada à Escola de Comunicações e Artes, Universidade de São Paulo.

VALENTE, Sílvia B. *Análise da visitação dos parques de diversões brasileiros como opção de lazer.* São Paulo, 2006. Dissertação de mestrado apresentada à Escola de Comunicações e Artes, Universidade de São Paulo.

O desafio da comunicação em eventos

LICIA EGGER MOELLWALD

Planejar, organizar e controlar a comunicação nos eventos é, cada vez mais, um desafio que demanda, além da técnica e do uso das novas tecnologias, o conhecimento sobre a percepção humana e sua intrincada rede de possibilidades, que serve para melhorar ou destruir a imagem de uma empresa ou pessoa. Assim, este capítulo analisa o papel dos cinco sentidos humanos e sua capacidade de contribuir para a percepção da imagem positiva de um evento.

Os cinco sentidos e sua aplicação na comunicação dos eventos

Foi-se o tempo em que a comunicação nos eventos tinha em vista apenas transmitir as informações sobre "O quê? Como? Quando? Onde? Quem? Por quê?" determinada festa, lançamento ou comemoração aconteceria.

Hoje, com os avanços da medicina e pela constatação de como funciona a percepção humana quando um corpo é exposto a situações agradáveis ou não, a essência do que é comunicação em eventos tornou-se muito mais complexa.

Nestes tempos de pós-modernidade, os eventos são considerados não apenas importantes ferramentas de comunicação das empresas com seus públicos, mas também se tornaram valiosa fonte de informação para a empresa sobre o que pensa e espera o público a respeito da sua atuação.

A possibilidade de potencializar a percepção positiva para uma determinada ação da empresa tem feito com que os eventos sejam vistos, cada vez mais, como uma opção relevante na construção e fortalecimento da imagem da organização e, naturalmente, das pessoas. Assim, quando consideramos o planejamento e a realização de um evento à luz dos cinco sentidos humanos, ampliamos as chances do organizador e dos clientes de chegarem ao objetivo proposto com sucesso.

Para que se entenda essa nova visão da comunicação em eventos, é preciso começar por reconhecer quais são os cinco sentidos e a importância de cada um deles na aplicação dessa ferramenta. É sabido que os cinco sentidos (tato, visão, audição paladar e olfato) funcionam como meios de comunicação do corpo com o mundo exterior e do mundo exterior com o corpo.

Por exemplo, quando o ambiente está frio, o corpo avisa que precisamos nos proteger ao liberar uma sensação de desconforto e, dependendo da temperatura, os lábios e a ponta dos dedos ficam arroxeados, emitindo sinais claros de que as coisas não vão bem. Da mesma forma, quando faz muito calor, começamos a suar e o corpo parece exigir que se beba água ou que procuremos um lugar mais fresco. Tais sensações são sentidas pela pele ou, como se convém chamar, apreendidas pelo sentido do tato. A pele que envolve todo o nosso corpo é o primeiro e maior órgão dos sentidos, afinal ela nasce com o bebê. Além de corresponder a 19% do peso corporal, tem como função proteger tudo o que está dentro de nós[1].

Além disso, o tato serve para avisar se a toalha de mesa usada no evento é de plástico, algodão ou de linho, se o ar-condicionado foi desligado ou vai fazer todo mundo congelar de frio, se a cadeira escolhida para o evento é barata, porque o "traseiro" fica doendo depois de um tempo sentado. Serve ainda para informar se o talher escolhido é pesado ou leve ou se o prato está engordurado e também ajuda o corpo a receber outras informações sobre o que está acontecendo no local.

Sobre a importância da visão, quase não é preciso falar. Hoje, nos eventos, a visão é considerada o sentido "rei", o mais explorado de todos. De certa forma, chega a parecer que o mundo foi feito só para se ver e ser visto.

Foi por esse motivo que toda a parafernália visual que serve para informar e divertir os olhos se ampliou e ficou muito mais sofisticada. Estamos falando de iluminação, decoração, uniformes, folhetos, banners, ornamentação, convites e também de alimentos e bebidas.

---

1 MONTAGU, Ashley. *Tocar o sentido da pele*. São Paulo: Summus, 1988.

Mas além de entreter o corpo, a visão informa sobre absolutamente tudo o que existe, acontece ou está faltando no evento. Dessa forma, é praticamente impossível para um olhar atento não perceber se determinado evento foi caro ou barato, se as pessoas que estão trabalhando são organizadas ou estão "nadando",[2] se o ambiente está limpo, claro, escuro, feio, bonito e por aí vai.

A visão é tão importante para um evento que dizem que se come com os olhos e se entretém com o que se vê. Por esse motivo é que não costumam faltar nos eventos corporativos e sociais aqueles telões com imagens, pessoas fazendo performances, velas, flores, fitas e mais um mundo de coisas só para estimular o sentido da visão.

A audição complementa as informações que foram passadas pela visão e incita a emoção que o organizador de eventos deseja fazer aflorar nos participantes. O cinema, por exemplo, abusa da audição para dar força ao que está sendo transmitido na tela.

Pensando nisso, não é difícil imaginar como seria aborrecido assistir a um filme de terror sem a deixa musical para que o público sinta medo, a um filme romântico sem a melodia que desperta o sentimento amoroso ou à fuga desesperada do herói sem a música que nos estimula a torcer por ele além da conta.

Nos eventos, a música e todos os ruídos das pessoas e do serviço funcionam como uma paisagem sonora[3], ou pano de fundo, para que os convidados entrem no tema proposto.

Dessa forma, uma festa com pretensões românticas precisa ter a música adequada como "deixa" para que as pessoas assim se sintam, e um evento motivacional destinado aos funcionários deve ter filmes e músicas épicas para ajudar a "criar o clima".

O paladar, por outro lado, parece que nasceu para os eventos, e é esperado que cada um deles seja um festival de sabores, com ofertas de excelente qualidade e quantidade. O paladar, que é sustentado pela visão e pelo olfato, também dá pistas seguras sobre a higiene, refinamento e bom gosto do organizador.

O que se espera normalmente nos eventos é uma oferta de comidas bem elaboradas, bonitas e diferentes do que aquilo que as pessoas costumam en-

---

2 Nadando: a expressão é usada quando uma equipe que está prestando um determinado serviço perde a harmonia e ninguém mais se entende.

3 SHAFER, Murray R. *A afinação do mundo.* São Paulo: UNESP, 2001.

contrar em casa. Por isso, alguns chefes de cozinha se esmeram na busca de desafios que agradem e estimulem o paladar e os olhos dos convivas.

Para terminar, ao se falar sobre o olfato é preciso lembrar que, além de um ativador da memória, ele serve como os outros sentidos para posicionar e enfatizar o que está proposto no evento.

Hoje, laboratórios especializados no desenvolvimento de fragrâncias de todos os tipos disponibilizam odores num leque que vai dos mais simples aos incrivelmente complexos. Assim, criar um clima natalino sem que seja necessário ter nada relativo à data é muito simples: basta perfumar o ambiente com aromas de assados, árvore de natal, biscoitos de gengibre e canela – sem que nada disso esteja presente.

Percepção e boa imagem

O planejamento e organização de um evento devem levar em conta o estímulo de todos os sentidos, uma vez que a percepção positiva ou negativa dos participantes é o resultado da combinação de cuidados com todos eles.

Detalhes simples, como um guarda-chuva para ajudar os convidados a desembarcar do carro, podem criar uma imagem positiva e trabalhar favoravelmente na percepção de todo o evento.

A percepção[4] é constituída pelo conjunto das memórias de uma pessoa e o que ela está vivendo no momento. Embora difícil de ser controlada, é sabido que situações emocionalmente agradáveis são transformadas em percepções positivas.

Por exemplo, um prato bem apresentado e com aroma agradável ativa a lembrança de boa comida e bem-estar. Logo, ao receber um prato bem-apresentado, a pessoa terá predisposição de gostar do que é servido antes mesmo de experimentar.

A percepção positiva é o resultado de situações que lembram bons momentos, bem-estar e satisfação. Uma pessoa que passou muito frio num evento realizado em determinado lugar deverá sentir novamente o incômodo que sofreu se for convidada para o mesmo local.

As sensações de conforto ou desconforto, bem-estar ou mal-estar, acompanham as pessoas em outros eventos mesmo que os deslizes não se

---

4 EGGER MOELLWALD, Licia; EGGER MOELLWALD, Hugo. *Competência social:* mais que etiqueta, uma questão de atitude. São Paulo: Cengage Learning, 2010.

repitam. Predispor as pessoas a situações positivas funciona para a construção de uma imagem positiva da empresa, produto, serviço ou pessoa que é a razão do evento.

Fluxo de comunicação e ruído

Pensar a comunicação em eventos sob uma ótima mais complexa requer a preocupação em permitir o livre fluxo da comunicação, além da disposição de buscar a percepção positiva dos convidados em todas as ações da organização.

O bom fluxo da comunicação é fator fundamental na transmissão da mensagem que a empresa ou pessoa pretende passar, e a sua interrupção, por qualquer motivo, será suficiente para desviar a atenção das ações positivas implementadas pelo organizador. Por exemplo, uma bebida servida num copo sujo compromete a imagem de higiene de todo o evento, por melhor que seja essa bebida.

Todo processo de interferência negativa na mensagem é chamado de *ruído*, e, nos eventos, está diretamente relacionado às ações e manifestações humanas com potencial para causar um impacto ruim no que se pretendeu transmitir.

Isso ocorre de várias formas, por exemplo, um convite impresso em desacordo com o que o evento propõe ou o uniforme fora do contexto do pessoal de apoio, comida ruim, bebida barata em evento sofisticado, agressividade ou falta de atenção da equipe de atendimento aos convidados e presentes – tudo isso pode confundir e atrapalhar o fluxo positivo da comunicação.

Neste sentido, a sensibilidade para entender o que está sendo solicitado nas entrelinhas do briefing[5] feito pelo cliente, a compreensão da imagem que este pretende passar durante a realização do evento e a compatibilização do desejo com a realidade são fundamentais para minimizar eventuais ruídos e potencializar a percepção positiva através de todos os canais de comunicação formal envolvidos.

Os canais de comunicação formal para um evento serão compostos por toda mídia que trabalhe como suporte para ampliar e favorecer seu fluxo

---

5 Ato de dar informações e instruções concisas e objetivas sobre a missão ou tarefa que deverão ser realizadas durante o planejamento, organização e execução de um evento.

de comunicação: convites, espaço do evento, decoração, tecnologia, pessoal de serviço, comida, bebidas, uniformes, música etc.

Dessa forma, a busca e adequação dos canais que favoreçam o diálogo com o público envolvido no evento é condição para que o conjunto das ações implementadas possa atingir os objetivos propostos. Nos eventos, todas as mídias utilizadas pelos organizadores devem ser claramente compreendidas pelos participantes.

Assim, o uso inteligente e ético dos mecanismos que podem servir para ativar os sentidos e cooperar para dar embasamento ao que está proposto como objetivo é válido.

Considerações finais

A realização de um evento não deve ser entendida como a mera execução de intenções bem-determinadas, mas como um conjunto de ações matematicamente calculadas para surtir o efeito e causar o impacto que se espera no público-alvo.

A visão simplista do evento como mera organização de materiais e pessoas não cabe nas exigências de comunicação em eventos das empresas globalizadas e do público. Hoje, pensar na comunicação em eventos é tarefa que exige uma profunda gama de conhecimentos sobre as necessidades e possibilidades de estímulos do corpo humano, além de uma série de competências técnicas, para que se atinjam plenamente os objetivos propostos.

Referências

EGGER MOELLWALD; Licia. EGGER MOELLWALD, Hugo. *Competência social: mais que etiqueta, uma questão de atitude.* São Paulo: Cengage, 2010.

MONTAGU. Ashley. *Tocar o sentido da pele.* São Paulo: Summus, 1988.

SHAFER. Murray R. *A afinação do mundo.* São Paulo: UNESP, 2001.

A inter-relação dos transportes, eventos turísticos e hospitalidade: como se dá a relação entre os grandes eventos e os meios de transporte.

Célio Daroncho

Pensar na relação entre cidades de grande porte e megaeventos é algo bastante crítico, pois quanto maiores são as cidades, maiores tendem a ser as complicações vividas por ela. São Paulo é considerada uma das maiores cidades do mundo, e por isso agrega todos os complicadores dessa classificação. Um desses complicadores diz respeito à mobilidade urbana e, por consequência, ao acesso das pessoas às diversas atividades que são ofertadas na cidade. Entre elas estão os megaeventos, que atraem um público proporcional ao seu tamanho, fazendo com que a infraestrutura de transportes seja exigida ao máximo durante curtos períodos de tempo. Um estudo desses fatores e dessas situações torna-se cada vez mais importante, de forma que se possa planejar uma vivência adequada em uma cidade que recebe megaeventos – e que eles não se tornem mais um empecilho à qualidade de vida de seus habitantes.

Desde os tempos mais remotos a civilização pressupõe mobilidade, ou seja, requer maneiras de se efetuar deslocamentos de um ponto de interesse até outro local qualquer. Pode-se dizer que, desde então, as pessoas já se deslocavam para participar de algum evento, seja de pequeno ou grande porte, e que nos locais visitados as pessoas podiam ou não sentir-se bem acolhidas, levando embora uma sensação de hospitalidade obtida naquele local.

Com o passar do tempo os eventos foram crescendo significativamente em tamanho e importância, passaram de casamentos entre jovens representantes de aldeias vizinhas ou de festas em louvação a algum deus para megashows, feiras, congressos e exposições internacionais. E ficou cada vez mais difícil garantir que os visitantes, ao irem embora, levassem consigo a sensação da hospitalidade obtida não apenas do local onde se realizou o evento, mas também do próprio evento em si.

Na mesma velocidade com que os eventos foram crescendo em tamanho e importância, os meios de transporte também se desenvolveram e passaram a ligar de forma mais rápida e ágil as diferentes cidades, estados e países. Em muitos casos, os meios de transporte tiveram de se adaptar a uma situação nova, que foi a grande demanda imposta a eles em uma determina localidade, seja como meio de acesso ou de escoamento de um evento de grandes proporções que ocorre em um momento específico. E cada vez mais os responsáveis pelos sistemas de transportes públicos de um município precisam adquirir o conhecimento de que a hospitalidade de uma cidade, ou de um evento, poderá ou não vir a ser garantida pela forma com que o serviço de transporte for oferecido aos visitantes. Esse visitante poderá ir embora com aquela sensação de que "o evento até que estava bom, mas o acesso a ele já não era aquelas coisas". Por outro lado, com um sistema de transporte público bem organizado, o mesmo visitante poderá ir embora pensando que "tudo estava perfeito, o evento foi excelente" e nem sequer se lembrará do transporte utilizado, já que este é um acessório, um meio de levá-lo ao evento e à hospitalidade em si, e não um fim.

Nesse contexto todo podemos citar a cidade de São Paulo, onde ocorrem anualmente diversos eventos de grandes proporções, como o Salão do Automóvel, as Viradas Cultural e Esportiva, a Parada do Orgulho GLBT, a Fórmula 1 e, mais recentemente, a Fórmula Indy e o Desfile de Carnaval, isso tudo dentre outros diversos e inúmeros eventos que acontecem no dia a dia da cidade. Para todo e qualquer evento que ocorra na cidade de São Paulo, os meios de transporte são fundamentais, dadas as dimensões e complexidades que envolvem a megalópole. Sem dúvida, um dos pontos críticos a definir a sua hospitalidade será um sistema de transportes que passe tão despercebido quanto possível. O visitante simplesmente deve saber que ele está lá, e que não precisa se preocupar com ele.

É possível afirmar, portanto, que, para grandes eventos, a implementação e existência de um sistema de transportes corretamente planejado e organizado tornam-se preponderantes e fundamentais, pois o sucesso de um evento com as dimensões dos citados acima poderá ser conseguido com a ajuda dessa infraestrutura de transportes. Obviamente que não é esse o único fator de garantia de sucesso, mas irá contribuir sensivelmente para isso se não atrapalhar.

Os transportes em âmbito municipal, e, no caso de São Paulo, no âmbito metropolitano, são organizados com a finalidade de atender a sociedade que deles necessita. Os meios de transporte são compostos por carros, motos, táxis, ônibus, metrô e trens metropolitanos, isso sem citar a bicicleta. Vamos nos deter aqui nos transportes públicos, ou seja, os meios de transporte que devem atender à sociedade em massa.

O transporte por ônibus urbano faz uso das ruas e avenidas, dispondo de pontos específicos para a parada, que são os locais de onde as pessoas acessam o veículo ou saem dele. O sistema de ônibus deve ser pensado para cobrir a cidade toda, principalmente as áreas em que haja maior densidade populacional, sendo projetados, sempre que possível, corredores exclusivos para eles.

Este sistema é o que mais serve à população de modo geral em função de seu custo, tanto para a construção quanto para a operação e, acima de tudo, por sua maleabilidade, podendo-se alterar as rotas sempre que for necessário.

O transporte metroviário é normalmente desenvolvido para atender a região central de uma cidade, percorrendo aquilo que os especialistas chamam de centros expandidos. Esse meio de transporte, que é um dos mais caros para ser construído e implementado, utiliza na maioria das vezes túneis que percorrem regiões densamente construídas, sem interferência no meio, havendo necessidade somente de acessos às estações na superfície. Em caráter geral, esse tipo de sistema de transporte necessita de um planejamento prévio muito bem-feito, pois após sua cara construção não é possível alterar seu trajeto. Ou, quando isso ocorre, os custos são vultosos e praticamente proibitivos.

O transporte ferroviário urbano é aquele que liga a região central, ou interliga a rede metroviária, às zonas periféricas da cidade ou a cidades próximas. Costuma ser um meio de transporte que se diferencia do metrô por fazer uso de uma via quase sempre ao nível da rua, não em túneis, e possui normalmente tempos mais prolongados entre as composições.

O uso do transporte ferroviário urbano atende à demanda de uma população que cada vez mais busca fugir da parte central das cidades, seja por conta dos custos de moradia ou até mesmo em busca do sossego de se morar mais afastado. Mas essa população enfrenta sérios problemas ao ter de se deslocar para as regiões centrais para trabalhar ou para ter acesso a equipamentos de lazer.

Os sistemas de transportes estão, e são, cada vez mais inter-relacionados aos eventos de modo geral, pois grandes eventos requerem que muitas pessoas se desloquem até eles de maneira rápida, ágil, confortável e segura.

Cabe antes de tudo perceber que evento pode ser definido como um acontecimento planejado previamente com organização própria, reunindo as mais diversas pessoas que possuem algum interesse em comum. Os eventos podem ser de caráter religioso, científico, cultural, social, acadêmico e esportivo, apenas para citar alguns entre tantos outros possíveis.

As grandes cidades mundo afora, e não apenas no Brasil, onde São Paulo é um dos melhores exemplos, oferecem inúmeras opções e alternativas de eventos. Em São Paulo temos desde feiras de negócios (Salão do Automóvel), passando por movimentos que promovem o lazer social e cultural (Viradas Cultural e Esportiva e a Parada GLBT), até grandiosos eventos esportivos (Fórmula 1 e Fórmula Indy). Em se tratando de Brasil, não podemos nos esquecer do Carnaval, que movimenta uma quantidade exorbitante de pessoas país afora. Isso tudo sem citar diversos outro eventos de grande ou médio porte que movimentam a metrópole.

Findado isso, deve vir à nossa mente uma pergunta interessante: como fazem as pessoas para se deslocar até estes eventos, saindo de suas casas (que muitas vezes ficam em outras cidades e estados) e chegando a tempo e com todas as garantias possíveis? Pois é, é aí que entram os transportes urbanos descritos no início deste texto. Mas devemos perceber que os meios de transportes são normalmente configurados para o transporte do dia a dia, ou seja, de segunda a sexta, de pessoas de suas moradias aos seus locais de trabalho e vice-versa.

Vamos discorrer aqui sob a ótica de alguns desses eventos que ocorrem na cidade de São Paulo e que movimentam quantidade considerável de pessoas em poucos dias (muitas vezes em um único dia). Por conseguinte, movimentam-se milhares ou milhões de reais em cada um dos eventos e seu grande porte causa transtornos à cidade, ao trânsito e ao cidadão, transtornos que precisam ser minimizados ao máximo.

Iniciamos pelo Salão do Automóvel, que em 2008 ocorreu pela 25ª vez no Pavilhão de Eventos do Parque Anhembi e tem lugar a cada dois anos pares. O evento não chega a gerar muitos transtornos no trânsito da região do entorno do Anhembi, mas se configura num dos mais importantes eventos para a cidade de São Paulo pela circulação de pessoas, movimentação financeira e visibilidade internacional. O Salão do Automóvel ocorre normalmente em outubro, durante 11 dias. Pelo Salão do Automóvel passam, em média, 650 mil pessoas e movimenta cerca de R$ 126 milhões.

A Virada Cultural de São Paulo, que em 2009 teve sua 5ª edição, é um evento dos mais interessantes de que se tem na cidade. Durante a Virada são montados diversos palcos em diferentes locais da região central da cidade, nos quais se apresentam artistas dos mais variados gêneros por um período de 24 horas, começando no sábado e se encerrando no domingo. A Virada Cultural gera uma das maiores movimentações nos sistemas de transportes da cidade de São Paulo em decorrência da movimentação de pessoas, que se estima ser recorde. Essa movimentação se deve a seu caráter sócio-cultural, pois todas as atrações são livres de custos e englobam todos os gêneros, gostos e manifestações da população. Durante a Virada Cultural de 2009, estima-se a circulação de aproximadamente 4 milhões de pessoas, população que vem de toda a região metropolitana de São Paulo.

A Virada Esportiva, que teve início em 2007 dando sequência à Virada Cultural, mas agora com cunho esportivo, também ocorre em um sábado e um domingo durante 24 horas. O evento se caracteriza por oferecer as mais diversas opções esportivas espalhadas pela região central da cidade, e por ele calcula-se que passaram cerca de 3 milhões de pessoas em 2009. Tanto a Virada Cultural quanto a Esportiva envolvem enormes problemas aos sistemas de transportes, uma vez que há diversas interdições de vias públicas e maciça movimentação de pessoas, o que sobrecarrega os transportes públicos.

A Parada do Orgulho GLBT (gays, lésbicas, bissexuais, travestis, transexuais e transgêneros), ou simplesmente Parada Gay, ocorre sempre no mês de junho na Avenida Paulista, e teve seu início em 1997. Desde então o movimento de pessoas que acorrem ao local para assistir ao desfile cresceu exponencialmente, atingindo um público estimado em 3,5 milhões de pessoas em um único dia, no ano de 2009. A Parada Gay paulistana é reconhecida internacionalmente, trazendo para São Paulo turistas do mundo todo e movimentando algo em torno de R$ 190 milhões. O desfile interdita a principal avenida de São Paulo em um domingo, e a gigantesca movimentação de pessoas acaba por saturar os transportes da região.

A Fórmula 1, que ocorre atualmente no Autódromo de Interlagos, zona sul da cidade de São Paulo, está em sua 39ª edição. A competição começou a ser disputada na cidade em 1972, tendo entrado para o calendário oficial em 1973, e permaneceu em Interlagos até 1977. No ano seguinte foi transferida para o Autódromo de Jacarepaguá, no Rio de Janeiro, onde permaneceu até 1989, voltando para o circuito paulistano em 1990. O evento da Fórmula 1 movimenta algo em torno de 140 mil pessoas e R$ 230 milhões por edição, e também tem projeção internacional, uma vez que sua transmissão televisiva alcança cerca de 200 países. Sempre é montado um grande esquema na região de Interlagos, incluindo os transportes públicos, pois nos arredores do autódromo diversas ruas são fechadas ao trânsito de automóveis.

Na mais recente atração esportiva da cidade, a Fórmula Indy, que teve sua primeira edição em 13 e 14 de março de 2010 e que vai se repetir por mais 5 anos, um novo circuito foi montado na cidade. É um circuito de rua, que abrange a Avenida Olavo Fontoura e a pista local da Marginal Tietê (Avenida Assis Chateaubriand), entre as pontes das Bandeiras e Casa Verde. O evento trouxe mais um olhar internacional para a cidade. Estima-se que, com a Fórmula Indy, tenha havido um movimento de algo em torno de 50 mil pessoas e R$ 120 milhões. Para o evento o trânsito de veículos na região do Parque Anhembi (zona norte) foi alterado.

Obviamente que, quando falamos em megaeventos, não podemos nos esquecer do Carnaval, que em São Paulo ocorre também no Anhembi. O desfile de Carnaval tem seu primeiro dia na sexta-feira e seu segundo dia no sábado, em relação ao grupo especial, ficando o domingo para o grupo de acesso. Os desfiles iniciam-se por volta de 21 horas e transcorrem até o amanhecer. O Carnaval é considerado um dos maiores eventos do Brasil, senão o maior, e é transmitido mundialmente. Pelo Sambódromo do Anhembi, nos dias do Carnaval, circulam aproximadamente 110 mil pessoas e cada edição movimenta cerca de R$ 50 milhões.

Como falado anteriormente, todos esses eventos trazem enormes transtornos à cidade de São Paulo, principalmente para as regiões onde eles acontecem, e é claro que um deles diz respeito à grande quantidade de pessoas que se deslocam até o local do evento. Essas pessoas precisam ser atendidas, no quesito transportes, com toda a segurança e conforto possíveis. Obviamente, deixaremos de fora aqui os transtornos de âmbito geral que a população do entorno pode vir a sofrer e nos dedicaremos aos transtornos sob a visão dos transportes.

Uma das principais funções dos transportes públicos é oferecer uma movimentação com segurança, qualidade e rapidez, ou seja, garantir a total mobilidade do cidadão. Quando pensamos nos megaeventos, temos dois entes envolvidos aí, as pessoas que se dirigem ao evento e aquelas que não vão, mas precisam usufruir das vias ou dos sistemas de transportes afetados por ele.

Todos acabam por interditar vias, alterar itinerários e horários de ônibus, sobrecarregam o sistema de metrô e acrescentam um volume considerável de veículos às vias do entorno.

O Salão do Automóvel, que movimenta um público com características específicas e bastante numeroso, acaba por ser o que menos impacto exerce sobre as vias do entorno, o que facilita bastante para os visitantes, pois eles conseguem chegar ao local de forma bastante fácil. Além disso, encontram à disposição, além de estacionamentos, linhas exclusivas de ônibus, ligando o metrô ao Parque Anhembi.

Quando pensamos nas Viradas Cultural e Esportiva, já não temos a mesma tranquilidade. Os dois eventos acabam transcorrendo em diversos locais, interditando vias, alterando itinerários de ônibus e sobrecarregando o sistema metroviário. As pessoas que se deslocam para os locais destinados aos diversos palcos e atividades precisam chegar a eles. Para isso, diversas linhas de ônibus são alteradas no itinerário e seu funcionamento acaba tendo que ocorrer por um horário estendido. Além disso, linhas específicas precisam ser criadas ligando os principais Pólos Geradores de Viagens – PGV.

Em tais situações, também o metrô tem seu horário de funcionamento estendido, já que inúmeras atrações estão bastante próximas das estações. A movimentação pelas estações e linhas do metrô acaba sendo bastante expressiva, pois as pessoas têm a possibilidade de se locomover de uma atividade para outra com bastante facilidade, trazendo assim um público bastante variado em gênero e em volume às diversas atividades disponíveis.

Desta forma, ao se pensar na dinâmica desses meios de transporte, diversas e inúmeras variáveis acabam tendo que fazer parte das decisões tomadas, como, por exemplo, definir os principais pontos de origem e destino das pessoas e a quantidade estimada de público em cada atração, além da disponibilidade de veículos, a capacidade das estações, a variabilidade ou permutabilidade entre as atrações, o tempo de percurso, a dinâmicas das atrações. Isso tudo sem contar a segurança, pois existem públicos bastante distintos percorrendo caminhos correlatos.

Precisa-se pensar, também, naqueles que residem em áreas mais periféricas, e entenda-se por periféricas as regiões mais afastadas do centro de São Paulo e as cidades da Região Metropolitana de São Paulo – RMSP. Essa população, além dos sistemas descritos, precisa fazer uso do sistema de transporte ferroviário controlado pela CPTM (Companhia Paulista de Transportes Metropolitanos), que também tem que ter as suas operações pensadas para tanto, com carros extras e menor ciclo entre as viagens (já que falamos de um final de semana). Desta forma, podemos dizer que a organização da Virada Cultural e da Virada Esportiva, além de pensar nas atrações em si, deve pensar na organização dos sistemas de transportes para se garantir a mobilidade das pessoas que frequentarão os eventos.

Já na Parada do Orgulho GLBT, ou simplesmente Parada Gay, que ocorre na Avenida Paulista, a situação é bastante diferente. O local possui uma ótima infraestrutura metroviária, pois a linha 3 – Linha Verde do Metrô – serve a via em toda sua extensão. O fator complicador, aqui, é o enorme volume de pessoas que aflui ao local durante a duração do evento, sobrecarregando as estações tanto no início quanto no final do dia. Para sanar a situação, o metrô precisaria funcionar com um número maior de composições e com intervalos menores entre os trens no domingo do evento.

Já em relação à Fórmula 1, e agora à Fórmula Indy, devemos pensar em como transportar uma quantidade grande de pessoas para os dois locais e avaliar especialmente como retirar essas pessoas de lá, pois normalmente a ida aos dois eventos se dá de forma mais esparsa e ao longo do dia, mas a saída ocorre de forma bastante concentrada assim que as corridas terminam.

Para a Fórmula 1, algumas vias acabam tendo o tráfego monitorado ou são interditadas, mas, no geral, em função de o autódromo de Interlagos ser um local fechado, os arredores sofrem com o excesso de veículos, pois essa sempre foi a maneira mais fácil de chegar até lá. Atualmente, com a inauguração da estação Autódromo da linha 9 – Esmeralda – da CPTM (ocorrida em 2007), o fluxo de veículos nas vias laterais acabou sendo reduzido, uma vez que a estação fica a menos de dois quilômetros do portão principal de acesso. A distância é coberta com a implantação de linhas regulares entre a estação e o autódromo no dia do evento. Esse fato trouxe maior qualidade ao deslocamento feito, melhorando-se provavelmente a visão que as pessoas têm do evento como um todo.

Já para a Fórmula Indy, diversas vias foram interditadas na zona norte de São Paulo, no entorno do Parque Anhembi, dentre elas a Avenida Olavo Fontoura e a Avenida Assis Chateaubriand (já que formam o circuito do Anhembi). Nesse caso, toda a rotina da região teve de ser alterada para receber o volume esperado de pessoas, sendo que algumas delas utilizaram veículos particulares, tornando necessária a criação de estacionamentos para recebê-las. Além disso, diversas linhas de transporte coletivo por ônibus tiveram de ser criadas especificamente para o evento para que se pudesse atender à demanda do público das estações de metrô próximas – levando-o e trazendo-o de volta depois do evento.

Quanto ao desfile de Carnaval, que ocorre no mesmo local da Fórmula Indy, os bloqueios e as soluções são semelhantes às efetivadas para a própria Fórmula Indy. O grande diferencial entre um evento e outro é que a Fórmula Indy ocorre em um sábado (treino) e em um domingo (prova em si) durante a manhã e a tarde; já o Carnaval ocorre no período noturno, o que facilita bastante para a organização dos transportes. No Carnaval, o grande complicador é o transporte de pessoas que irão participar das escolas de samba, porque elas acabam tendo de levar as mais diversas fantasias, dos tamanhos e formas mais variados possíveis. Esse transporte costuma ser efetivado de forma específica para cada uma das escolas, uma vez que o público em geral acaba fazendo uso de carros particulares (usando os mesmos estacionamentos da Fórmula Indy) ou das linhas de ônibus especiais que saem de estações do metrô predeterminadas.

Tendo isso exposto, podemos facilmente verificar a inter-relação e interdependência entre eventos de grande porte e sistemas de transporte, pois um não poderá existir e se manter sem o outro. Ou seja, grandes eventos precisam ser pensados em termos de facilidade de acesso e de composição desse acesso, com linhas especiais de ônibus ligando os eventos às estações de trem e metrô, o metrô operando em horários especiais e com intervalos menores (nos fins de semana dos eventos) e os trens urbanos em situação idêntica ao metrô.

Obviamente que essa estrutura toda de transportes irá influenciar de maneira preponderante na visão da hospitalidade que as pessoas terão da cidade. O motivo é que boa parte dos frequentadores de qualquer um dos eventos vem de outros municípios, estados e países, e uma boa impressão do sistema de atendimento e transporte oferecido aos turistas passará uma boa impressão da cidade e uma ótima impressão e sensação de hospitalidade.

Podemos concluir que os grandes ou megaeventos precisam de uma atenção especial dupla, pois, além da preocupação com o evento em si, precisamos ter uma enorme preocupação com o acesso das pessoas a eles. Quanto melhor e mais fácil for o acesso, melhor será a visão que as pessoas terão do evento em questão e, certamente, melhor será a impressão da hospitalidade da cidade e do local onde se insere este evento.

Referências

ALMEIDA, Marco Antonio Bettine de. "Análise da influência do turismo frente ao lazer", *Revista Digital EF Deportes*. Disponível em http://www.efdeportes.com/efd101/turismo.htm. Acessado em 25/02/2010.

ANDRADE, J. V., *Fundamentos e dimensões do turismo*. São Paulo: Ática,1999.

ANDRADE, José Vicente de. *Turismo*. São Paulo: Ed Ática, 1998.

ANDREDE, Jonas Pereira. *Planejamento dos transportes*. João Pessoa: Universitária/UFPB, 1994.

APOGLBT – ASSOCIAÇÃO DA PARADA DO ORGULHO GLBT. Disponível em http://paradasp.wordpress.com/parada/. Acessado em 15/03/2010.

BANDEIRA, Renata Albergaria de Melo; ARIOTTI, Paula. "Análise da qualidade de um serviço de transporte turístico: estudo empírico da linha turismo de Porto Alegre", *Revista Turismo Visão e Ação*, v. 10, n. 02, Disponível em www.univali.br/revistaturismo. Acessado em 16/02/2010.

BARBOSA, Ycarim Melgaço. *História das viagens e do turismo*. São Paulo: Aleph, 2002.

BENI, Mário Carlos. *Análise estrutural do turismo*. São Paulo: SENAC, 2001.

CESCA, Cleusa G. Gimenes. *Organização de eventos*. São Paulo: Summus, 1997.

DENKER, Ada de Freitas Maneti; BUENO, Marielys Siqueira. (Org.) *Hospitalidade: cenários e oportunidades*. São Paulo: Thomson, 2003.

DI RONÁ, Ronaldo. *Transporte no turismo*. Barueri: Manole, 2002.

DIAS, Celia Maria de Moraes. (Org.). *Hospitalidade: reflexões e perspectivas*. Barueri: Ed. Manole, 2002.

FERRAZ, Antônio Clovis Pinto; TORRES, Isaac Guilhermo Espinosa. *Transporte público urbano*. São Carlos: Rima, 2004.

FOLHA ONLINE. *Parada Gay em SP deve ter público de 3,5 milhões*. Disponível em http://www1.folha.uol.com.br/folha/cotidiano/ult95u578187.shtml. Acessado em 15/03/2010.

GP BRASIL DE FÓRMULA 1. Disponível em http://www.gpbrasil.com/. Acessado em 10/03/2010.

GP PETROBRAS BRASIL DE FÓRMULA 1. *Conheça a história do autódromo de Interlagos*. Disponível em http://www.gpbrasil.com.br/Sitegp/historia.asp. Acessado em 18/03/2010.

JESUS, Aline de. "Influência dos serviços de transportes na hospitalidade do turista", *Revista Turismo*, 2004. Disponível em http://www.revistaturismo.com.br/artigos/transportes.html. Acessado em 15/02/2010.

LAGE, Beatriz H.; MILONE, Paulo C. (Org.) *Turismo: teoria e prática*. São Paulo: Atlas, 2000.

LASHLEY, Conrad & Morrison, Alison. *Em busca da hospitalidade*. Barueri: Manole, 2004.

MELO, José Carlos de. *Planejamento dos transportes urbanos*. Rio de Janeiro: Campus, 1981.

OLIVEIRA, A. P. *Turismo e desenvolvimento:* planejamento e organização. São Paulo: Atlas, 2001

OLIVEIRA, Antônio Pereira. *Turismo e desenvolvimento*. São Paulo: Atlas, 2001.

PAGE, Stephen J. *Transporte e turismo*. Porto Alegre: Bookman, 2001.

PALHARES, Guilherme Lohmann. *Transportes turísticos*. São Paulo: Aleph, 2002.

REVISTA VEJA SÃO PAULO. *Anhembi a 300 por hora*, Ano 43, n. 10, São Paulo – SP.

REVISTA VEJA. *Com Fórmula 1 São Paulo fatura 260 milhões de reais*. Disponível em http://veja.abril.com.br/noticia/esporte/formula-1-sao-paulo-505861.shtml. Acessado em 19/03/2010.

SALÃO DO AUTOMÓVEL. Disponível em http://www.salaodoautomovel.com.br/. Acessado em 18/03/2010.

PREFEITURA MUNICIPAL DE SÃO PAULO. *Virada Cultural 2009 termina com público estimado em 4 milhões*. Disponível em www.viradacultural.org . Acessado em 28/02/2010.

SÃO PAULO INDY 300. *Notícias da Fórmula Indy*. Disponível em http://saopauloindy300.com.br/. Acessado em 01/03/2010 e 22/03/2010.

SPTURIS. *Cidade de São Paulo: Indicadores e pesquisa do turismo 2008*. São Paulo, 2008.

SPTURIS. *Observatório do Turismo da Cidade de São Paulo:* Boletim Semestral 2009. São Paulo, 2009.

SPTURIS. *Observatório do turismo da Cidade de São Paulo*. São Paulo, 2010.

TRIGO, Luiz. *Turismo e qualidade: tendências contemporâneas*. Campinas: Papirus, 1993.

VASCONCELLOS, Eduardo Alcântara. *Transporte urbano, espaço e equidade*. São Paulo: Annablume, 2001.

Moedas no turismo

ANA PAULA YAMASHITA
ROSEANE BARCELLOS MARQUES SOUSA

"O aumento das capacidades humanas também tende a andar junto com a expansão das produtividades e do poder de auferir renda". – AMARTYA SEN, 2000.

Este estudo tem por objetivo evidenciar os meios de pagamentos empregados na economia do turismo no Brasil. Contudo, a discussão conceitual e aplicada nas transações dos serviços/produtos turístico transita por análises como: economia, economia do turismo, conceito de moeda, meios de pagamento (M1, M2, M3, M4) e formas de pagamento empregadas no setor turístico. A partir dessa discussão torna-se relevante clarificar que a moeda tem como principal característica a de ser aceita como equivalente à compra de um produto ou à prestação de um serviço. No tocante à metodologia, a presente investigação apoiou-se preliminarmente em um estudo exploratório e descritivo. Exploratório, objetivando encontrar na literatura estudos que relacionassem as atividades turísticas e o conceito de moeda sob a ótica da economia monetária. E descritivo porque foram representados os conceitos e assinalados os meios de pagamentos disponíveis na economia que são aplicados nas atividades do turismo no Brasil. O processo de levantamento das informações foi o bibliográfico, uma vez que a pesquisa se baseou em dados coletados junto às instituições centralizadoras como IBGE (Instituto Brasileiro de Geografia e Estatística) e BCB (Banco Central do Brasil), e os dados analisados representam a realidade do setor naquele momento por terem como fonte tais instituições. Para clarificar a análise dos dados foram elaborados gráficos, tabelas e quadros que possibilitaram uma análise com aspectos qualitativos e quantitativos.

Introdução

A economia de um país é constituída pelas diversas atividades produtivas geradas em um determinado período de tempo. Samuelson e Nordhaus (2004) conceituam economia como "um estudo do modo como as sociedades empregam os recursos escassos a fim de produzir bens úteis e distribuí-los entre os indivíduos". Os autores complementam que a vida econômica apresenta um elevado grau de complexidade por trabalhar com um conjunto extremante diversificado de atividades no qual há pessoas comprando, vendendo, barganhando, investindo e persuadindo. Portanto, a moeda surge como um meio de pagamento facilitador dessa engrenagem econômica.

As atividades econômicas (primária, secundária e terciária) possuem segmentos diversos em virtude da amplitude das necessidades ilimitadas do ser humano. Entre essa diversidade de bens e serviços desejados pelas pessoas está o setor turístico e todas as ramificações oriundas da composição complexa e multidisciplinar do serviço/produto turístico[1].

Uma vez que o setor turístico é identificado como um segmento das atividades econômicas, ele participa da circulação de moeda pela característica da relação insumo/produto (recursos produtivos que são transformados em um produto final) do serviço/produto turístico. Neste estudo é feita uma abordagem para a identificação do conceito de produto e de serviço turístico, haja vista que ambos são ofertados e/ou demandados no mercado.

> Os serviços turísticos são aqueles prestados exclusivamente para o turista durante toda a cadeia de produção. São os serviços oferecidos pelas agências de viagens, como a venda de passagens aéreas, excursões, locações de carro, entre outros; os serviços de transporte, hospedagem, alimentação e entretenimento, além dos serviços de profissionais, como guias de turismo, que são utilizados pelo turista durante a sua viagem (MOLETTA; GARCIA, 2000, p. 29).

---

1 Produtos turísticos: são bens e serviços relacionados às diversas atividades turísticas. O produto turístico deve ser visto do lado da oferta, por exemplo: uma cidade pode oferecer recursos naturais, como as cachoeiras em Foz de Iguaçu e as praias no litoral brasileiro, ou recursos históricos, como a cidade de Mariana - MG. Podem ser ainda atrações artificiais, como o Beach Park, em Fortaleza. Por outro lado, os serviços turísticos são representados por todos os meios que propiciem que o turista usufrua dos bens que lhe são ofertados. Exemplo: de nada adianta o local possuir uma bela praia se ela for inacessível até mesmo ao olhar.

A oferta turística pode ser definida basicamente como "[...] o conjunto de equipamentos, bens e serviços de alojamento, de alimentação, de recreação e lazer, de caráter artístico, cultural, social ou de outros tipos..." (BENI, 2002, p. 159) oferecidos ao turista. O autor esclarece ainda que as pessoas que se deslocam temporariamente de sua residência habitual, com propósito recreativo ou por outras necessidades e razões, demandam a prestação de alguns serviços básicos, razão pela qual o produto turístico é avaliado pela ótica da oferta.

> [...] a demanda em Turismo é uma compósita de bens e serviços, e não demanda de simples elementos ou de serviços específicos isoladamente considerados; em suma, são demandados bens e serviços que se complementam entre si (BENI, 2002, p. 211).

No instante em que um turista está interessado em adquirir um serviço/produto, isso pode ser compreendido como o desejo de atender a uma necessidade específica. Em economia, dá-se o nome de demanda ou procura a esse desejo, porém, quando se aborda a demanda ou procura efetiva, estas são representadas somente pelo grupo de indivíduos que têm a capacidade de compra, ou seja, que podem de fato efetivá-la. Essa relação é essencial na dinâmica econômica, uma vez que, para existir um mercado, é necessário que haja o lado da demanda e o lado da oferta, e a concretização da transação se dá pelo uso da moeda como meio de pagamento.

A moeda e o conceito de economia estão intrinsecamente relacionados, uma vez que a economia como ciência social estuda a circulação de bens e serviços que são produzidos para satisfazer as necessidades ilimitadas do indivíduo, de modo a alocar eficazmente os recursos produtivos que são limitados. A promoção da circulação dessa produção se dá por meio da efetivação das trocas que ocorrem mediante o pagamento pelo bem demandado ou pelo serviço prestado.

Móchon (2006) esclarece ainda que o conceito de economia atribui à moeda uma condição de destaque, ao relacionar satisfação com aquisição de bens e serviços. Afinal, "sem a intermediação da moeda freiam-se as possibilidades não apenas de especialização e progresso de uma economia, mas também de distribuição dos bens e serviços existentes de acordo com as necessidades e os desejos dos indivíduos" (p. 317).

Nessa reflexão conceitual sobre a economia insere-se o conceito de economia do turismo, que representa o estudo do emprego e o uso alternativo dos recursos escassos, a fim de se produzirem bens e serviços que possam satisfazer às necessidades das pessoas que se deslocam de suas moradias por motivo de repouso, esporte, cultura, religiosidade, lazer e entretenimento (CARVALHO apud VASCONCELLOS, CARVALHO, 2006, p. 9).

Tabela 1 Valor adicionado

Valor adicionado corrente da economia das atividades características do Turismo, segundo setores de serviços				
Brasil – 2001-2005 (R$ 1.000.000,00)				
	2001	2002	2003	2004	2005
	Corrente	Corrente	Corrente	Corrente	Corrente
Total da economia	1.118.613,00	1.273.129,00	1.470.614,00	1.666.258,00	1.842.253,00
Atividades características do turismo	83.507,00	91.015,00	100.363,00	113.324,00	131.755,00
% das atividades características do turismo na economia total	7,47	7,15	6,82	6,80	7,15

Fonte: IBGE, Diretoria de Pesquisas, Coordenação de Contas Nacionais, Sistema de Contas Nacionais.

As atividades características do turismo no período entre 2001 e 2005 representaram 7,08% em média em relação à economia total, segundo dados do IBGE apresentados na Tabela 1. Analisando-se o volume expressivo de transações realizadas para gerar esse valor adicionado, percebe-se a dimensão e a importância do emprego da moeda como o grande facilitador da engrenagem econômica.

Samuelson e Nordhaus (2004, p. 27) conceituam a moeda como um meio de troca e que "a administração adequada da oferta de moeda é um dos principais assuntos da política macroeconômica governamental em todos os países". Esta ideia do gerenciamento da oferta de moeda insere-se no ambiente macroeconômico.

No estudo macroeconômico, a moeda, suas funções e motivos estão inseridos no contexto da política monetária e de sua influência sobre as demais variáveis agregadas. A discussão endógena desse estudo está alicerçada nos parâmetros da heterodoxia econômica contrapondo-se aos parâmetros da ortodoxia, isto é, à linha neoliberal, cuja tendência é a de colocar a economia na órbita da acumulação de riquezas via livre comércio, e às tendências equilibrantes dos agentes econômicos, nesse caso os ofertantes e os demandantes. A heterodoxia, sob a ótica Kaleckiana e a ótica Keynesiana, altera essa dinâmica econômica por adicionarem, mesmo que de modo essencialmente controverso, a incerteza e as possibilidades de sucesso econômico, embora em uma conjuntura com ausência de equilíbrio.

As pessoas na sociedade, segundo Lanzana (2002), utilizam a moeda como meio de pagamento pelas funções que ela possui e que estão divididas entre:

a) Meio ou instrumento de troca – tem aceitação generalizada e garantida por lei;

b) Reserva de valor – representa liquidez imediata para quem a possui;

c) Unidade de conta – cada bem ou serviço pode ser expresso em um mesmo denominador;

d) Padrão para pagamentos diferidos, ou seja, pagamentos em diferentes períodos de tempo.

A moeda pode estar representada em moeda-mercadoria, moeda-fiduciária, moeda-bancária, moeda-legal, entre outras, sendo estas as mais utilizadas no contexto econômico atual.

Quadro 1 Tipos de Moeda e suas características

Tipo de Moeda	Características
Moeda-mercadoria	É um bem que possui o mesmo valor tanto como unidade monetária quanto como mercadoria.
Moeda-fiduciária	Ou papel-moeda, é um bem que possui um valor muito pequeno como mercadoria, mas que mantém seu valor como meio de troca porque as pessoas têm fé de que o emissor responderá pelos pedaços de papel ou pelas moedas cunhadas e cuidará para que a quantia emitida seja limitada.
Moeda-bancária	É uma dívida de um banco, que tem de pagar ao depositante uma quantia de moeda sempre que ele a solicitar. Funciona como meio de troca.
Moeda-legal	É o papel-moeda e as notas metálicas emitidas por uma instituição que monopoliza sua emissão e adota a forma de moeda metálica ou notas. A moeda bancária são os depósitos dos bancos geralmente aceitos como meios de pagamento.

Fonte: Mochon, 2006, p. 317-320.

Em relação ao conceito de moeda, Lanzana (2002) cita ainda que há três motivos pelos quais as pessoas demandam moedas. São eles:

a) Motivo transação – a moeda é necessária para efetivar uma transação comercial;

b) Motivo precaução – a moeda é necessária como prevenção em relação ao futuro;

c) Motivo especulação – a moeda é necessária para aproveitar oportunidades de aplicação.

Os meios de pagamentos, conforme dados do Banco Central do Brasil (BCB) – 2009, são identificados pelo volume da oferta de moeda em circulação no país, podendo ser classificados em:

⟳ **M1** equivale ao papel-moeda em poder do público e aos depósitos à vista no setor bancário;

⟳ **M2** inclui a M1 mais os depósitos a prazo;

⟳ **M3** engloba a M2 mais os depósitos em poupança;

⟳ **M4** adiciona a M3 ao saldo dos títulos públicos federais em circulação, isto é, fora da carteira do Banco Central.

O dinheiro em espécie é usado principalmente para pagamentos de baixo valor, relacionados com as pequenas compras do dia a dia. Nessas situações, ele é o principal instrumento de pagamento utilizado no Brasil, respondendo por 77% dos pagamentos efetuados por pessoas físicas, conforme pesquisa efetuada pelo Banco Central do Brasil em 2007. No final de 2007, o total de moeda em circulação era de cerca de R$ 102,9 bilhões, sendo aproximadamente R$ 100,5 bilhões em cédulas e R$ 2,4 bilhões em moedas metálicas. As cédulas atualmente em circulação compreendem sete denominações (R$100; R$50; R$20; R$10; R$5; R$2 e R$1) e as moedas metálicas, seis denominações (R$1; R$0,50; R$0,25; R$0,10; R$0,05 e R$0,01). Tanto cédulas quanto moedas metálicas têm curso forçado no território brasileiro, mas a aceitação de moeda metálica como meio de liquidação é obrigatória apenas até 100 unidades de cada valor (BCB, 2009).

No período 2003 a 2007, o papel-moeda em poder do público correspondeu, em média, a 39,1% do agregado monetário M1, conforme tabela a seguir. Ou seja, a população está movimentando uma parcela significativa do volume existente em circulação.

Tabela 2 Participação relativa do papel-moeda em poder do público nos meios de pagamento[2]

Ano	Papel-moeda em poder do público (PMPP) – R$ milhões	Total dos meios de pagamento (M1) – R$ milhões	PMPP/M1 %
2003	43.064	109.648	39,3
2004	52.019	127.946	40,7
2005	58.272	144.778	40,4
2006	68.925	174.345	39,5
2007	82.251	231.431	35,5
Média			39,1

Fonte: BCB, 2009.

Os meios de pagamentos na classificação M1 são utilizados na maioria das transações econômicas de compra e venda de bens e serviços, correspondendo a R$ 231.431.000,00 (77%) no ano de 2007 do volume total (BCB, 2009). O M1 está subdividido em: transferências de crédito (84%), cheque (13%), cartão de pagamento (2%) e débito direto (1%), conforme gráfico 1.

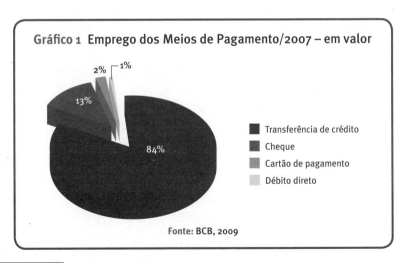

Gráfico 1 Emprego dos Meios de Pagamento/2007 – em valor

Fonte: BCB, 2009

---

[2] Posição no final de cada ano.

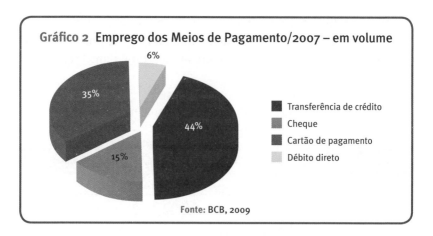

Os meios de pagamentos mais utilizados no Brasil, segundo o Banco Central do Brasil (BCB, 2009), são as transferências de crédito, débito direto, cartão de pagamento e cheque. Esclarecer os termos conceituais envolvidos na análise gráfica é importante para ampliar os conhecimentos inerentes à discussão sobre meios de pagamento, principalmente os utilizados pelo motivo de se efetuarem transações. Sendo assim:

a) **Transferências de crédito** as transferências de crédito interbancárias efetuadas por não bancos compreendem as Transferências Eletrônicas Disponíveis (TEDs) por conta de cliente, os Documentos de Crédito (DOCs), as Transferências Especiais de Crédito (TECs) e as movimentações interbancárias relacionadas aos boletos de cobrança;

b) **Cheque** o cheque continua sendo um importante instrumento de pagamento no Brasil, embora tenha havido redução em seu uso nos últimos anos, devido principalmente à sua substituição por instrumentos eletrônicos. Com formato e características básicas padronizados, as folhas de cheque contêm registros magnéticos que possibilitam a leitura automática de seus dados fundamentais (*Magnetic Ink Character Recognition* – MICR). O cheque, algumas vezes, é entregue ao beneficiário para ser sacado em data futura ("cheque pré-datado"), situação na qual ele funciona como instrumento de crédito. No Brasil, as contas de depósito à vista são as únicas movimentáveis por cheques;

c) **Cartão de crédito** lançado no Brasil em 1956, o cartão de crédito ganhou maior importância a partir da década de 1990. Contribuíram para isso a eliminação de algumas restrições antes impostas ao seu uso, como, por exemplo, a que proibia sua utilização para compra de combustíveis. Houve também a extinção da regra da "bandeira exclusiva", condição de mercado existente até 1996 que impedia um mesmo emissor (banco) de operar com mais de uma "bandeira" (as principais bandeiras são Visa, Mastercard e American Express);

d) **Cartões de débito** os cartões de débito podem ser utilizados principalmente em caixas automáticos de uso exclusivo (rede proprietária de um banco) ou compartilhado, ou ainda em estabelecimentos comerciais que contam com máquinas apropriadas para a realização de transferências eletrônicas de fundos a partir do ponto de venda (EFTPOS – *Electronic Funds Transfer from the Point of Sale*). Os principais produtos são o Visa Electron da Visa, o Maestro da Mastercard e o Cheque Eletrônico da TecBan. A exemplo dos cartões de crédito, os cartões de débito com tarja magnética estão sendo paulatinamente substituídos por unidades dotadas de microprocessador (*chip*);

e) **Débito automático** o débito automático em conta, ou débito direto, é normalmente utilizado para pagamentos recorrentes, isto é, pagamentos que observam certa periodicidade, como os dos serviços de água, luz e telefone. Nesses casos, mediante iniciativa do prestador do serviço beneficiário do pagamento, o valor da obrigação é debitado direta e automaticamente na conta bancária do devedor, ao amparo de uma autorização prévia por ele dada ao seu banco. Essa autorização é normalmente concedida por tempo indeterminado, até que sua validade seja revertida.

Quadro 2 Classificação dos Meios de Pagamentos

Meios de Pagamentos na Economia	Meios de Pagamento no Turismo Nacional	Meios de Pagamento no Turismo Internacional
Transferências de crédito	x	X
Cheque	x	
Cartão de Pagamento/Crédito	x	X
Débito direto/Automático	x	X
Traveler's Check		X
Cartão pré-pago/Cartão Travel Money [3]	x	X
Papel Moeda	x	X

---

3 O Cartão Travel Money é a maneira mais moderna e prática de levar dinheiro ao exterior. É um cartão pré-pago, recarregável, protegido por senha, que pode ser utilizado para

Praticamente todas as modalidades de meios de pagamento se aplicam tanto ao mercado nacional quanto ao mercado internacional do turismo, com exceção do cheque, que tem uso restrito ao mercado nacional. Em contrapartida, os *traveler's check* se aplicam apenas ao mercado internacional. Deve-se, ainda, respeitar os limites estabelecidos pelas operadoras dos cartões de crédito e/ou débito.

Considerações finais

Este estudo pode constatar que a moeda é de fato o grande facilitador nas transações de mercado, tendo em vista os valores evidenciados nesta pesquisa tanto na economia como nas atividades econômicas realizadas na área do turismo.

É a moeda que faz a engrenagem econômica manter-se em movimento.

Uma vez que o turismo encontra-se inserido na formação do valor adicionado da economia, com uma participação média de 7,08% no período compreendido entre os anos de 2001 e 2005, é possível afirmar que há relevância em estudar o emprego dos meios de pagamento nas atividades características do turismo.

As pesquisas realizadas para este estudo apontaram a necessidade de futuras investigações exploratórias e analíticas, com o intuito de expressar o grau de significância dessa abordagem por meio do emprego de métodos quantitativos e qualitativos mais aprofundados.

Saiba mais: Acesse o site do Banco Central do Brasil e aprenda mais sobre a Origem e Evolução do Dinheiro: http://www.bcb.gov.br/?ORIGEMOEDA.

Exercício

Como você pagaria, em bens, uma viagem para o Carnaval na Bahia se não houvesse a moeda? Para responder a esta questão, siga os seguintes passos:

---

saques (faz parte da rede Visa Plus) e débitos (rede Visa Electron) em qualquer lugar do mundo. Com ele, sua viagem fica muito mais cômoda e você conta com uma infinidade de vantagens: http://www.stb.com.br/servicos-para-viagem/cartao-visa-travel-money.aspx (Acessado em 08/01/2010)

a. Verifique o preço de um pacote para o próximo Carnaval na Bahia;

b. Verifique o preço de uma tapioca doce (qualquer recheio);

c. Resolva o seguinte cálculo: preço do pacote ÷ preço de uma tapioca;

d. Analise o resultado.

Lembre-se de que, ao fazer essa divisão, você encontrará a quantidade de tapiocas doces necessárias para pagar um pacote turístico com destino à Bahia no próximo Carnaval. Imagine-se carregando essa quantidade até o aeroporto!

Desejamos um excelente momento de reflexão!

Referências

BANCO CENTRAL DO BRASIL – BCB. *Uso dos instrumentos de pagamento*. Disponível em http://www.bcb.gov.br/?SPBEST2005. Acessado em 08/01/2010.

BENI, M. *Análise estrutural do turismo*. 7. ed. São Paulo: SENAC, 2002.

CARVALHO, L. C.; VASCONCELOS, M. *Introdução à economia do Turismo*. São Paulo: Saraiva, 2006.

INSTITUTO BRASILEIRO DE GEOGRAFIA E ESTATÍSTICA – IBGE. *Economia do turismo 2000-2005*. Disponível em: http://www.ibge.gov.br/home/estatistica/economia/industria/economia_turismo/2000_2005/tab01.pdf. Acessado em 15/02/2010.

LANZANA, Evaristo. *Economia brasileira*: fundamentos e atualidade. São Paulo: Atlas, 2006.

MOLLETA, V.; GARCIA, R. *Comercializando um destino turístico*. Porto Alegre: SEBRAE/RS, 2000.

MÓCHON, Francisco. *Princípios de economia*. São Paulo: Prentice Hall, 2006.

SAMUELSON, Paul A.; NORDHAUS, William D. *Economia*. 3. ed. Rio de Janeiro: McGraw Hill, 2004.